和谐校园文化建设读本

古希腊三哲人名言录

GUXILASANZHERENMINGYANLU

任晓隽/编写

吉林出版集团股份有限公司

吉林教育出版社

图书在版编目(CIP)数据

古希腊三哲人名言录／任晓隽编写. — 长春：吉林教育出版社，2012.6(2022.10重印)
(和谐校园文化建设读本)
ISBN 978 - 7 - 5383 - 8762 - 9

Ⅰ.①古… Ⅱ.①任… Ⅲ.①哲学家—箴言—古希腊—青年读物②哲学家—箴言—古希腊—少年读物 Ⅳ.①B502 - 49

中国版本图书馆 CIP 数据核字(2012)第 115978 号

古希腊三哲人名言录
GUXILA SAN ZHEREN MINGYAN LU

任晓隽 编写

策划编辑	刘 军 潘宏竹	
责任编辑	庞 博	装帧设计 王洪义
出版	吉林出版集团股份有限公司(长春市福祉大路5788号 邮编 130118)	
	吉林教育出版社(长春市同志街 1991 号 邮编 130021)	
发行	吉林教育出版社	
印刷	北京一鑫印务有限责任公司	
开本	710 毫米×1000 毫米 1/16 印张 12 字数 152千字	
版次	2012 年 6 月第 1 版 印次 2022 年 10 月第 2 次印刷	
书号	ISBN 978 - 7 - 5383 - 8762 - 9	
定价	39.80 元	

编 委 会

主　　编：王世斌

执行主编：王保华

总 序

千秋基业，教育为本；源浚流畅，本固枝荣。

什么是校园文化？所谓"文化"是人类所创造的精神财富的总和，如文学、艺术、教育、科学等。而"校园文化"是人类所创造的一切精神财富在校园中的集中体现。"和谐校园文化建设"，贵在和谐，重在建设。

建设和谐的校园文化，就是要改变僵化死板的教学模式，要引导学生走出教室，走进自然，了解社会，感悟人生，逐步读懂人生、自然、社会这三本大书。

深化教育改革，加快教育发展，构建和谐校园文化，"路漫漫其修远兮"，奋斗正未有穷期。和谐校园文化建设的研究课题重大，意义重要，内涵丰富，是教育工作的一个永恒主题。和谐校园文化建设的实施方向正确，重点突出，是教育思想的根本转变和教育运行机制的全面更新。

我们出版的这套《和谐校园文化建设读本》，既有理论上的阐释，又有实践中的总结；既有学科领域的有益探索，又有教学管理方面的经验提炼；既有声情并茂的童年感悟；又有惟妙惟肖的机智幽默；既有古代哲人的至理名言，又有现代大师的谆谆教诲；既有自然科学各个领域的有趣知识；又有社会科学各个方面的启迪与感悟。笔触所及，涵盖了家庭教育、学校教育和社会教育的各个侧面以及教育教学工作的各个环节，全书立意深邃，观念新异，内容翔实，切合实际。

我们深信：广大中小学师生经过不平凡的奋斗历程，必将沐浴着时代的春风，吸吮着改革的甘露，认真地总结过去，正确地审视现在，科学地规划未来，以崭新的姿态向和谐校园文化建设的更高目标迈进。

让和谐校园文化之花灿然怒放！

本书编委会

❈目　录❈

政　治　篇

为　政

要明白主政的良规，必须学会服从的道理。

——《政治学》387 页

在缔造一个政府时，必须注意武备。

——《政治学》72 页

凡是想担任一邦中最高职务，执掌最高权力的人们，必须具备三个条件。第一是效忠于现行政体，第二是足以胜任他所司职责的高度才能，第三是适合于该政体的善德和正义。

——《政治学》271 页

为政最重要的一个规律是：一切政体都应订立法制，并安排它的经济体系，使执政和属官不能假借公职，营求私利。

——《政治学》269 页

明哲（端谨）是善德中唯一属于统治者的德行，其他德行（节制、正义和勇毅）主从两方就应该同样具备。"明哲"是统治者所应具备的品德，被统治者所应具备的品德则为"信从"。

——《政治学》125 页

人间互相依仗而又互为限制，谁都不能任性行事，这在实际上对各人都有利。人类倘若任性行事，总是难保不发挥他内在的恶性。有利于任何政体的事情莫善于责任分明：把政务托付给有才德的人，而群众都赋有应具的权力，就足够限制官吏的任何过错了。

——《政治学》319 页

传贤不私其子的善德是不易做到的。

——《政治学》162 页

每一职务最好是由一个专人负责。

——《政治学》101 页

要知道一个官员能兼管多少职司，第一需确切明白这一国内究竟有哪几种职司，以及哪几种职司虽非绝对必要，却也应该予以设置。第二，我们还得注意到，哪些事情应在各处就地设置职官，哪些事情则应由一个集中的职司管辖全境。第三，我们又必须考虑这样的问题：职司的配置应以所司业务为依据，或以所管理的人们的类别为依据。第四，我们还需考虑到政体的区别。

——《政治学》223 页

一切欺蒙人民的方法都不足置信。

——《政治学》265 页

一个政体固然可以因为远离敌人的危害而得以保全，有时，恰恰相反，由于迫近危难，大家反而振作起来。人们鉴于患难当前，谁都竭力保护自己的政体了，所以执政的人爱重邦国，应当熟虑敌害，把远祸看作近忧，及时制造警报（危惧），使全邦人民常常处于戒备状态，人人都像守夜的巡逻，通宵注视着四周的任何动静。

——《政治学》267 页

不让任何人在政治方面获得脱离寻常比例的超越地位——实际上这一成规可以适用于一切政体。

——《政治学》268 页

凡身处一邦领导地位，其言行影响及于各个方面的人们，应该在争哄和寻仇萌芽的时候特别谨慎，预为弥缝。错误在于原始（主政者），所以谚语说"善始者已经做成了事情的一半"。开头小小一点过错就抵得上末后种种的大错。一般说来，著名人物间的失和，其后果常常牵连到全邦。

——《政治学》244 页

那些当上了执政者的人们，对于那些受统治的人们，又往往在姿态言语、礼仪上摆出一些与众不同的样子。

——《政治学》36 页

诚实的人们在遭遇到困乏时，犹不得不投身于取利的行业，如果本质鄙俗而又遭囊空家窘的情况，又有谁能保证他不致渎职？所以，谋国的人必须设法使行政工作让那些才德高尚，具有政治能力的人们来担任，在一邦之内，对于那部分比较优良的公民，即使不能予以终身的给养，至少应该让他们在从政期间，得到充分的闲暇而无需再为了自己的衣食操劳。

——《政治学》101 页

凡当权的人既行为傲慢，而贪婪自肥，公民们一定议论纷纭，众口喧腾，不仅会指责这些不称职的人，而且进一步也批评授权给这些人们的政体。

——《政治学》237 页

只要战争还在继续进行，斯巴达的权威常占优势，但已经取得了胜利，开疆拓土，正要经营新版图时，他们又突然衰弛了。他们昧于和平时期的生活和性情，不懂得如何应用其闲暇以为长治久安之计，使大家共享升平的欢乐。他们所受的锻炼完全属于军事性质，此外就不具备其他才德了。

——《政治学》92 页

凭自己力争经营而创建其统治的僭主一般都能维持其政权，遗传至后代，往往容易丧失其先业。生长在豪华之中，忘记了一切艰难，他便既为大众所鄙薄，也随时给了攻击僭主政体的人们以可乘的机会。

——《政治学》289 页

暴君们往往好战，其目的也是使臣民不得休息，而且不得不服从他们的统率。

——《政治学》293 页

统治者的训练应该不同于一般公民的教育。

统治者的品德有别于一般被统治公民的品德。那么，以统治者来说，其品德就相同于善人的品德，好公民和善人的品德虽不是所有的公民全然相同，在(作为统治者)这一部分特殊的公民就应相同。

——《政治学》122 页

不义、恐怖和鄙薄常常是人民背叛其君主的原因。不义(不公道)

的严重者肆无忌惮地凌辱和没收他人的财产，这两者容易激起反抗。独断的统治者们总是名位煊赫而又富于资财，而这两者恰恰是人人的大欲。革命的锋芒有时直接指向君主的人身，有时则目的在于倾覆其权位。由凌辱所激发的叛乱往往报施在人身。

——《政治学》231 页

真正的政治家，首要在于研究德行，以求国人为善守法。

——《尼可马可伦理学》，《西方伦理学名著选辑》288 页

一般的人往往不注意变乱的先兆，只有真正的政治家才具有远见。

——《政治学》267 页

政治家的行为也不是悠闲的，它（且不说政治行为本身）是以专权和名位为目的，或者至多也不过是以他自己和同胞们的幸福为目的。

——《尼可马可伦理学》，《古希腊罗马哲学》327 页

在一个清明而能时常反省的人看来，作为一个政治家而竟不顾他人的意愿，专门于制服并统治邻邦的策划，这是很可诧异的。这种统治实际上是不合法的，一个政治家或立法家怎能设想到非法的事情？掌握了权力就不顾正义，这种不问是非（义或不义）的强迫统治总是非法的，更没有其他的技艺和学术可同这种政治家的本领相比拟。

——《政治学》347 页

政治（政体）研究（即各种实用学术的一门），这一门显然该力求完备：第一，应该考虑何者为最优良的政体；第二，政治学术应该考虑适合于不同公民团体的各种不同政体；第三，政治学术还应该考虑，在某些假设的情况中应以哪种政体为宜，并研究这种政体怎样才能创

制，在构成以后怎样可使它垂于久远；第四，政治学术还应懂得最相宜于一般城邦的政体的通用形式。

——《政治学》177 页

我们见到每一个城邦（城市）各是某一种类的社会团体，一切社会团体的建立，其目的总是为了完成某些善业——所有人类的每一种作为，在他们自己看来，其本意总是在求取某一善果。既然一切社会团体都以善业为目的，那么我们也可说社会团体中最高而包含最广的一种，它所求的善业也一定是最高而最广的：这种至高而广涵的社会团体就是所谓的"城邦"，即政治社团（城市社团）。

——《政治学》28 页

有人说城邦政治家和君王或家长或奴隶主相同，这种说法是谬误的。主张这种说法的人认为，这类人物所不同的不在品种方面的相异，只在其所治理的人民在数量上有多寡之别而已。这样，奴隶主所关顾的只限于少许人数，关顾到人数稍多的则为家长；至于城邦政治家或君王，那就得关顾到更多的人数。依这种说法，一个大家庭和一个小城邦之间就没有实际上的差异；政治家和君王的分别也仅仅在这么一点：君王以个人掌握国家的全权，而政治家则凭城邦政治的规章加以治理，依照这种规章，全邦人民轮番为统治者和被统治者（城邦政治家就仅仅在当值的时期执掌政权）。

——《政治学》21 页

我们如果对任何事物，对政治或其他各问题，追溯其原始而明白其发生的端绪，我们就可获得最明朗的认识。最初，互相依存的两个生物必须结合，雌雄（男女）不能单独延续其种类，这就得先成为配偶——人类和一般动物以及植物相同，都要使自己遗留形性相肖的后嗣，所以配偶出于生理的自然，并不由于意志（思虑）的结合。接着还得有统治者和被统治者的结合，使两者互相维系而得到共同保全。凡是富有理智而遇事能操持远见的，往往成为统治的主人；凡是具有体力而能担任由他人凭远见所安排的劳务的，也就自然地成为被统治者，而处于奴隶从属的地位：在这里，主奴两者也具有共同的利害。

——《政治学》21 页

古先的人既一般地受制于君王而且现在有些民族仍是这样，有些人就推想群神也得由一个君王（大神）来管理。人们原来用人的模样塑造着神的形象，那么凭人类生活来设想群神的社会组织也就极为自然了。等到由若干村坊组合而为"城市（城邦）"，社会就进化到高级而完备的境界，在这种社会团体以内，人类的生活可以获得完全的自给自足；我们也可以这样说：城邦的形成出于人类"生活"的发展，而其实际的存在却是为了"优良的生活"。

——《政治学》23 页

早期各级社会团体都是自然地生长起来的，一切城邦既然都是这一生长过程的完成，也该是自然的产物；这又是社会团体发展的终点。

无论是一个人或一匹马或一个家庭，当它生长完成以后，我们就见到了它的自然本性；每一自然事物生长的目的就在于显明其本性（我们在城邦这个终点也见到了社会的本性）。

——《政治学》34 页

作为动物而论，人类为什么比蜂类或其他群居动物所结合的团体达到更高的政治组织，原因也是明显的。照我们的理论，自然不造无用的事物；而在各种动物中，唯独有人类具备言语的机能。

——《政治学》25 页

声音可以表达悲欢，一般动物都具有发声的机能：它们凭这种机能可将各自的哀乐互相传达。至于某一事物是否有利或有害，以及事物是否合乎正义或不合正义，这就得凭借言语来为之说明。人类所不同于其他动物的特性就在于他对善恶和是否合乎正义以及其他类似观念的辨认（这些都由言语为之互相传达），而家庭和城邦的结合正是这类义理的结合。

——《政治学》23 页

城邦（虽在发生程序上后于个人和家庭），在本性上则先于个人和家庭。就本性来说，全体必然先于部分；以身体为例，如全身毁伤，则手足也就不能称为手足，脱离了身体的手足同石制的手足无异，这些手足无从发挥其手足的实用，只在含糊的名义上大家仍旧称之为手足而已。我们确认自然生成的城邦先于个人，就因为个人只是城邦的组成部分，每一个隔离的个人都不足以自给其生活，必须共同集合于城邦这个整体才能使大家满足其需要。

——《政治学》26 页

凡隔离而自外于城邦的人——或是为世俗所鄙弃而无法获得人类社会组合的便利或因高傲自满而鄙弃世俗组合的人——他如果不是一只野兽，那就是一位神祇。人类生来就有合群的性情，所以能不期而共趋于这样高级（政治）的组合，然而最先设想和缔造这类团体的人们正应该受到后世的敬仰，把他们的功德看作人间莫大的恩惠。

——《政治学》26 页

城邦以正义为原则。

由正义衍生的礼法，可凭以判断人间的是非曲直，正义恰正是树立社会秩序的基础。

——《政治学》38 页

政　体

"政体"这个名词的意义相同于"公务团体"，而公务团体就是每一城邦"最高治权的执行者"，最高治权的执行者则可以是一人，也可以是少数人，又可以是多数人。这一人或少数人或多数人的统治要是旨在照顾全邦共同的利益，则由他或他们所执掌的公务团体就是正宗政体。反之，如果他或他们所执掌的公务团体只是照顾自己一人或少数人或平民群众的私利，那就必然是变态政体。

政体以一人为统治者，凡能照顾全邦人民利益的，通常就称为"王制（君主政体）"；凡政体以少数、虽不止一人而又不是多数为统治者，则称为"贵族（贤能）政体"；以群众为统治者而能照顾到全邦人民公益的，人们称它为"共和政体"。

——《政治学》133 页

相应于上述各类型的变态政体，僭主政体为王制的变态；寡头政体为贵族政体的变态；平民政体为共和政体的变态。僭主政体以一人为治，凡所设施也以他个人的利益为依归；寡头政体以富户的利益为依归，平民政体则以穷人的利益为依归。三者都不保障全体公民的利益。

——《政治学》134 页

一切政体都有三个要素……其一为有关城邦的一般公务的议事机能（部分）；其二为行政机能的部分——行政机能有哪些职司，所主管的是哪些事，以及他们怎样选任；其三为审判(司法)机能。

——《政治学》215 页

议事机能具有最高权力；对于(1)和平与战争以及结盟与解盟事项，(2)制定法律，(3)司法方面有关死刑、放逐和没收的案件，(4)行政人员的选任以及任期终了对于他们的政绩的审查，这些都由议事机能作最后裁决。

一个政体团体需要许多不同的官吏。

一般公职可分为三类。(一)行政人员，在某种职司范围以内，负责指挥并管理全体公民，(二)经济人员，(三)属吏或皂隶接受差遣，从事公务。所有这些官吏中，只是那些在一定范围以内具有审议、裁决和指导责任(指挥权力)的职司，才可以称为行政人员。

(法庭的种类)共有八种。其一，为审查执政人员的措施和账目的法庭；其二，听断违犯城邦公共利益的普通案件；其三，专司违犯宪法(政体)案件；其四，处理关于民事和刑事的争执；其五，关于私人间契约的纠纷；其六，杀人案件；其七，外侨案件；第八种法庭裁判私人间细小的契约纠纷。

——《政治学》215 页

政体的变革，总是由两个不同的途径演进：(1)有时骚动就指向现行政体，图谋变更政权的性质。(2)有时内讧的目的就不在于推翻现行政体。发难的党派可以(采取比较温和的路线)，①维持原来的政体，不问其为何种政体……例如，或为寡头，或为君主政体……让它继续存在，却将行政权力争取到自己这一党派的手中。②他们也可以促使原来的政体采取新的措施，或变得严厉，或转为弛缓。③发难的党派也可以不反对整个政体而不满于其中某些部分，因而要求建立某一行政机构或推翻某一机构。

——《政治学》233 页

凡能包含较多要素的总是较完善的政体，所以那些混合多种政体的思想应该是比较切合于事理的。

——《政治学》67 页

政体可以说是一个城邦的职能组织，由此确定最高统治机构和政权的安排，也由此订立城邦及其全体分子所企求的目的。

政体（宪法）为城邦一切政治组织的依据，其中尤其着重于政治所由以决定的"最高治权"的组织。

——《政治学》129 页

一种政体如果要达到长治久安的目的，必须使各部分（各阶级）的人民都能参加而怀抱着让它存在和延续的意愿。

——《政治学》88 页

政体之所以会分成若干个不同类型，在于每一城邦都是由若干个不同部分组成的。最初，我们就见到每一城邦由若干家庭组成。其次，这些家庭分化为若干部分（阶级）——富有阶级、贫穷阶级和中产阶级，……再次，平民从事不同的行业——一部分为农，一部分为商，又一部分为工艺。

——《政治学》181 页

完全按照成文法律统治的政体不会是最优良的政体。

——《政治学》163 页

由人们不同的德性，产生不同种类的城邦，建立若干相异的政体。

由各种不同的途径，用各种不同的手段追求各自的幸福。于是不同的人民便创立不同的生活方式和政治制度。

——《政治学》364 页

依绝对公正的原则来评断，凡照顾到公共利益的各种政体就都是正当或正宗的政体，而那些只照顾统治者们的利益的政体，就都是错误的政体或正宗政体的变态。偏离这类变态政体都是专制的。

——《政治学》132 页

至于在变态政体中，各自维护一方的立场，排斥异己就事属当然，甚至可说是合法的了——虽然这也明显地不是绝对合乎正义的。但是在最好的政体中，要是也采用这种政策，那就成为一个严重的疑难了。这里所成为疑难的还不在于那些政治势力特别大，或者富于资财，或朋从众多的显要之辈。疑难的要点在于：假使邦内出现一个善德特著的人，该怎么办？大家既不能说应该把这样的人驱除而流放他到邦外，可又不能强使他屈服为臣民。……只有让全邦的人服从于这样的统治者。于是，他便成为城邦的终身君王。

——《政治学》157 页

假设一个既是好人又是好公民的群众集团，试用这个好人集团和那一个好人相比，究竟谁易于腐败？若干好人的集团一定较不易于腐败。倘使若干好人所共同组织的政府称为贵族政体，而以一人为治的政府称为君主政体，那么，世间这样多同等贤良的好人要是可以找到我们宁可采取贵族政体而不采取君主政体了。

——《政治学》164 页

政治识别的一个通例是：凡是不容许任何公民一律分享政治权利的应该属于寡头性质，而容许任何公民一律参加的就都属于平民性质。

这里所树立的政体是容许一切具备必要资格的公民全都参加的；只是有些人缺乏资产，不能不忙于生计，因此就没有实际从政的余暇。这是平民政体的各种类别之一；形成这种政体的原因就是上述的（社会经济）情况。平民政体的另一种是以次一级的标准、出身为基础，凡在族裔上（门望）无可指摘的，依法都能享有政治权利，但实际上必须是有余暇的人们才真正从政。

——《政治学》194 页

凡是平民政体中存在着较多的分享较大的政权，显示着中间的性格，就比寡头政体较为安定而持久。凡是平民政体中没有中产阶级，穷人为数特多，占了绝对的优势，内乱就很快会发生，邦国也就会不久归于毁灭。

——《政治学》207 页

古代各邦一般都通行王制，王制（君主政体）所以适于古代，由于那时贤哲稀少，而且各邦都地小人稀。另一理由是古代诸王都曾经对人民大施功德，同时少数具有才德的人也未必对世人全无恩泽，但功德特大的一人首先受到了拥戴。随后，有同样才德的人增多了，他们不甘心受制于一人，要求共同参加治理，这样就产生了立宪政体。

——《政治学》165 页

四个种类的君主政体——第一，史诗时代的古制，王位由人民所公推，而权能限于领军、主祭和裁断法案。第二，蛮族君王出于世袭，虽说凭成法进行统治，但具有专制的权力。第三，所谓民选总裁，只能算是一种公推的僭主。以及第四，斯巴达式的诸王，他们是世袭的统帅，终身握有军事指挥的权力。综上所述，君主政体这四式是各不相同的。

君主政体还有第五属（这和上述四种全不相同），是具有绝对权力的君主，由他一个人代表整个氏族或整个城市，全权统治人民的公务；这种形式犹如家长对于家庭的管理。家务管理原来可以说是家庭中的主政，反过来说，这种君主政体也就是一城邦或一民族或若干民族的家务管理。

——《政治学》161 页

政治团体在具备了相当的物质条件以后，什么形式才是最好而又可能实现人们所设想的优良生活的体制？由此我们必须考察其他各家政体的理想形式而不以我们的理想为限；我们应该全面研究大家所公认为治理良好的各城邦中业已实施有效的各种体制，以及那些声誉素著的思想家们的任何理想形式。我们这种研究希望使实际的和理想的各种政体的合乎道义而有益的各方面能够明示世人；也愿意世人知道我们的素志，不在于显露才华，自炫智慧，这里只是由于我们对列国的史迹和现况以及各家的高论既洞见其中的纰缪，又不能不为之辨明而已。

——《政治学》63 页

在政治组织中，人民只分成两个部分——其一为农民，另一为战士；在后一个部分中又选拔出第三部分作为城邦的议事和统治团体。

——《政治学》81 页

民主政体和僭主政体的两个组织是最优良的政体——这种制度，人们或者宁愿把它列入最恶劣的政体中，或者竟不认为它是一种政体。凡能包含较多要素的总是较完善的政体；所以那些混合多种政体的思想应该是比较切合于事理的。

——《法律篇》56 页

（人们在进行政治）政治社团的组合方式，在下列三者中必居其一：(1)所有的公民必须把所有一切东西完全归公，或(2)完全不归公，或

（3）一部分归公，另一部分仍归私有。既然是一个政治组合，竟然完全没有一些公有的东西，这当然是不可能的；每一城邦的建立，其政治体制必须把某些东西加以组合，至少是每一分子的住所应该在大家共同的境界以内。称为一个"同邦公民"（同城市民），就隶属于同一城邦，隶属于同一城邦也就是共同居住于一个地区。

——《政治学》65 页

一个优良的城邦是否应该尽可能地把一切东西划归公有？或者公有的东西要有所局限，某些东西就不该公有？倘使按照第一种方式，则公民们就可把子女归公育，妻子归公有，财产归公管。那么，我们应该保持现状（保持家庭和私有财产），还是应该遵从新的规约呢？

——《政治学》70 页

城邦不仅是许多人的（数量的）组合；组织在它里面的许多人又该是不同的品类，完全类似的人们是组织不成一个城邦的。城邦不同于军事联盟。为了互相支援，城邦因形势所趋而订结的联盟就是以数量取胜的；加盟各邦在本质上相类似，但一邦加上另一邦，就像在天平上的这一边加了另一重物，势必压倒那一边了。

——《政治学》68 页

（组成一个城邦的分子必须是品类相异的人们，各以所能和所得，通工易事，互相补益，这才能使全邦的人过渡到较高级的生活。）就这方面说，城邦也不同于民族（部落）；一个民族要是不使它的族人散居各村而像阿卡地亚那样（结为联盟），这就好像一个战斗团体，由于人数增多而加强。正因为它是由不同品类的要素组织起来的，所以城邦确实成为"一"整体。

——《政治学》65 页

如果以行业为喻，则公民就好像鞋匠和木匠对调了职务，同一个人就不能老做鞋匠或木匠。就技术作业而论，当然以坚守本行为贵，而恒心恒业的愿望要是也适用于政治，那么，就可以让某些人像鞋匠终身不离线革、木工终身不离斧斤那样，终身作为统治者从事治理工作。可是，由于全体公民都天赋有平等的地位，政治上这种恒业就不可能施行，而且依据公正的原则——无论从政是一件好事或是一件坏事，也应该让全体公民共同参与政治；安排好执政者轮流退休，并使他在退休以后和其他同等的自由人处于同等的地位，这就不失为一个通情达理的办法了。在同一期间，一部分人主治，另一部分人受治，经过轮替，则同一人就好像是更换了一个品类，而且那些在同一期间执政的人们所任政务也各不相同。

——《政治学》72 页

　　那些思想家所拟的以划一求完整，实际上不合于城邦的本性，他们那种城邦所希望达到的最高成就实际上是城邦的消亡。但每一事物所希望的应该是生存而不是消亡。我们还可用另一观点来说明，城邦的过度整齐划一决不是一个良好的政策。家庭作为一个团体，比一个个人可以达到较高度的自给，城邦同家庭相比也是这样。这也只有组织得足够大而繁复，达到高度自给的城邦才可称为真正的城邦。如果以自给程度作为社会进步的标志，那么我们就宁愿城邦（一天一天趋于繁复而）一天一天脱离简朴（划一）了。

——《政治学》69 页

法　律

　　凡是不凭感情因素治事的统治者总比感情用事的人们较为优良。法律恰恰是没有感情的，人类的本性（灵魂）便使谁都难免有感情。这里主张君主政体的人可以接着强调个人的作用，个人虽然不免有感情的毛病，然而一旦遭遇通则所不能解决的特殊事例时，还得以个人较好的理智进行较好的审判。那么，这就的确应该让最好的（才德最高的）人为立法施令的统治者。

——《政治学》163 页

法律实际是也应该是根据政体（宪法）来制定的，当然不能叫政体来适应法律。政体可以说是一个城邦的职能组织，用以确定最高统治机构和政权的安排，也用以订立城邦及其分子所企求的目的。法律不同于政体，它是规章，执政者凭它来掌握他们的权力，并借以监察和处理一切违法失律的人们。

——《政治学》179 页

农民以及其他较低阶级的财产制度和婚姻制度与今日大多数城邦的现行制度一样，不作变更，一任他们各有其家庭和产业。那么，整个社会又将是怎样的一个体系？在一个社会中必将包含两个（在法制上）相反的国家——而其中的卫国之士就类似一个占领别国城市的卫戍军，农民工匠以及其他的行业则像一个被占领国的普通公民。在这样的社会中，……现行城邦的种种罪恶，如财物纠葛和法律诉讼等，还会照样发生。……受到良好教育的公民可以不需要许多法规来排除纠葛，例如市政法规、商场条例以及类似的章则；但……教育却又限于卫国之士这个阶级。

——《政治学》81 页

制定法律时，立法家应注意到国境的大小和境内的居民这两个要素。但一个城邦的政治生活也不能同四邻隔离，立法家不可遗忘邻邦关系这个问题。譬如说，一个城邦所备的武装应该不仅可以保证境内的安全，有时还须用到境外。这一类（偏重实务和军事的）生活，虽对个人或邦国的一般事业说来，都不足以被重视，可是一个城邦总该保持足够的力量，才可在进攻或退守的时刻，都能使敌国有所畏惧。

——《法律篇》45 页

行政人员先由票选方式选举出好几倍的名单，然后进行抽签作最后的决定，这的确是民主制度而兼有寡头政体的方式。但另外两种办法则又是寡头（财阀）性质的：其一，法律强迫较富有的公民必须出席公民大会，选举行政人员，并兼有其他政治权利和义务，对于其他公民则听任自便；其二，由选举规章的细节看来，……用意就在使较富有阶级获得较多的行政位置而最高级的职官都须由资财最富饶的人们充任。选举议事人员的方法也是寡头性质的。

——《政治学》90 页

的确全体公民都必须参加选举。但在预选过程中，普遍的强制规定只局部施行：在选举头等资财级的预选人若干名时，强制全体公民一律参加，选举二等资财级的同数预选人时也是这样；但至第三等级的预选时，第四等级的公民就不强迫他们出席选举，至第四等级的预选时，第三、第四等级的公民都不加以强迫。

——《政治学》90 页

初期的法令律例都不是很周详而又欠明确，必须凭人类无数的个别经验进行日新又日新的变革。但明白了法律必须在某些境况、在某些时候加以变革的道理，我们仍旧要注意到另一论点：变革实在是一件应当慎重考虑的大事。人们倘使习惯于轻率的变革，这并不是社会的幸福；要是变革所得的利益不大，则法律和政府方面所包含的一些缺点还是姑且让它沿袭的好；一经更张，法律和政府的威信总要一度降落，这样，变革所得的一些利益也许不足以抵偿更张所受的损失。上述政治和其他技艺间的比拟并不完全相符；变革一项法律大不同于变革一门技艺。

——《政治学》105 页

法律所以能见成效，全靠民众的服从，而遵守法律的习性需经长期的培养，如果轻易地对这种或那种法制常常作这样或那样的废改，民众守法的习性必然消减，而法律的威信也就跟着削弱了。关于"变法"这个问题还有另一些疑难：即使我们已经承认法律应该实行变革，仍须研究这种变革是否在全部法律和政治上要全面进行或应该局部进行，以及变革可以由任何有志革新的人来执行还是只能由某些人来办理。这些论点的抉择都是很重要的……

——《政治学》105 页

倘使子女生育过多，家产不足以赡养，根据均产原则而制定的法律就不得不被毁弃。原来是小康的家庭，现在已沦落到无法自给的境遇；处身于这种不幸的人们，作奸犯科还是小事，这里已很难说他们不至于从事叛乱（革命）了。

——《政治学》93 页

平均财产在政治团体中所起的作用，虽在古代也是某些立法家们所深知的；譬如梭伦在雅典所定的法制以及其他城邦所传的律例，都曾经禁止个人不得任意收购过多的土地。同样地，另有些法制禁止人们出售财产；譬如洛克里城就悬有这样的禁令：本邦人户在未能确实证明他曾经遭遇意外的重大损失前，不准出卖他的产业。再者说，有些律例，用意就在于维持各家的世业，使其不致丧失政治地位；以琉卡岛为例来说，就因为漠视这种律例，它的政体已趋于过度的平民（贫民）化，结果是资产不足法定数额的人们也都被选为行政人员了。但在实施这种均产制度的地方，每户的定额可能过大或太小，因此人们或流于奢侈，或困于生计。所以，立法家不应该仅仅以树立均产原则为能事，还须确定一个适当的定额。

——《政治学》89 页

人们虽然已被纳入均产体系中，世事仍旧未必从此就尽善尽美。人类的欲望让他的财产须更加平均；这就必须用法律来订立有效的教育，……没有止境，除了教育，别无节制的方法。

——《政治学》91 页

法治应当优于一人之治。遵循这种法治的主张，这里还须辨明，即便有时国政仍须依仗某些人的智虑（人治），这总得阻止这些人们只能在应用法律上运用其智虑，让这种高级权力成为法律监护官的权力。

——《政治学》168 页

要使事物合于正义，须有毫无偏私的权衡；法律恰恰正是这样一个中道的权衡。

——《政治学》169 页

法律和礼俗就是某种秩序，普遍良好的秩序基于普遍遵守法律和礼俗的习惯。

——《政治学》354 页

法治应包含两种意义：已成立的法律获得普遍的服从，而大家所服从的法律，又应该本身是制定得良好的法律，人民可以服从良法也可以服从恶法。就服从良法而言，还得分为两类：或乐于服从最好的而又可能订立的法律，或宁可服从绝对良好的法律。

——《政治学》199 页

真想解除一国的内忧，应该依靠良好的立法，不能依靠偶尔的机会。

——《政治学》102 页

国家立法，总想名至而实随之，立法的本旨在此。而且尽其所知所能，制定于己最有利的律令。

——《泰阿泰德·智术之师》69 页

最好的立法家都出身于中产家庭（中等公民）。

——《政治》207 页

积习所成的"不成文法"比"成文法"实际上还更有权威，所涉及的事情也更为重要。

——《政治学》170 页

各人按照自己的利益进行论断，而大多数的人如果要他们判决有关自身的案件时，实际上就都是不良的判官。

正义（法意）对人身有关系；正义的（合法的）分配是以应该付出恰当的价值的事物授予相应收受的人。

——《政治学》136 页

如果在执行惩罚时，能够减少所引起的憎恨，执行的人员就可比较认真地办理。假使同一机构的人员既决定课罚，又执行这些惩罚，这个机构就会被受罚者加倍地憎恨；倘使一切惩罚都由某一组人专门执行，那么这一组人就必然成为众的怨府了。

——《政治学》333 页

人们惩罚恶人，决不是因为这个人曾经做错事。……凡要施行合理惩罚的人，并不是对过去罪行的报复，因为已过去的事，不能回复其旧，他只是为将来使受惩的人以及看见别人受惩的人不再犯错而已。

　　　　　　　　　　——《普罗泰戈拉篇》，《西方伦理学名著选辑》24页

　　任何制度，凡先前的总是比较粗疏，而后起的就可以更加周到。

　　　　　　　　　　　　　　　　　　　——《政治学》92页

　　世间重大的罪恶往往不是起因于饥寒而是产生于放肆。

　　　　　　　　　　　　　　　　　　　——《政治学》71页

　　很坏的人都来自那些有权的人。可是就在这一类人中间，也出现了善人，而且当其出现时，他们就值得世人极度钦仰。因为当人们有了作恶的大权时，则生得正直，死得其所，确为难事，极可称道，而能达到这种地步的，真是凤毛麟角。

　　　　　　　　　——《高尔吉亚》，《西方伦理学名著选辑》211页

　　审判官坐在法庭上是要判断是非曲直，不能枉法徇情，他发誓不凭自己的好恶施恩报怨，只是依法判断。

　　　　　　　　　　　　　　　　　——《苏格拉底的申辩》73页

　　裁判人必须是有品德的，这种人才要求智勇兼备。一个真正的裁判人不应该凭剧场形势来决定，不应该因为群众的叫喊和自己的无能而丧失勇气，既然认识到真理，就不应该由于怯懦而随便作出违背本心的裁判，用向神发誓的那张嘴去说谎，他坐在裁判席上不是作为剧场听众的学生而是作为他的教师，他应该敌视一切迎合观众趣味

的勾当。

——《文艺对话集》309 页

公民与城邦

从财政方面来说，那能使城邦更富裕的人是更好的公民；从战争方面来说，那能使城邦更强大的人是更好的公民；作为一个使节，那能化敌为友的人是更好的公民；在议会发言方面，那能止息战争，创造和谐的人是更好的公民。

——《回忆苏格拉底》191 页

在寡头政体方面，对于贪污问题应该更加注意。群众对自己不得担任公职，不一定感觉懊恼，他们甚至乐于不问公务，专管家业；但一听到公务人员正在侵蚀公款，他们就深恶痛绝。因此，他们才感觉自己在名利两方面都有所损失了。

——《政治学》269 页

全称的公民是"凡得参加司法事务和治权机构的人们"。

凡有权参加议事和审判职能的人，我们可以说他是那一城邦的公民。

——《政治学》111、113 页

假如群众不是很卑贱的人们，则就个别而言，他们的判断能力不及专家，但当他们集合起来，就可能胜过专家或至少不比专家们有所逊色。

——《政治学》164 页

群众比任何人有可能作较好的裁判。有物多者不易腐败；大泽水多则不朽，小池水少则易朽；多数群众也比少数人为不易腐败。单独一人就容易因愤懑或其他任何相似的感情而失去平衡，终致损伤了他的判断力，但全体人民总不会同时发怒，同时错断。

——《政治学》164 页

人们往往盛称兼擅两者的公民，即既能指挥而行令又能受命而服从的人常常为举世所敬重。这里专于统治又类同善人的品德和既擅统治和被统治的好公民的品德终究不能等量齐观。认为统治者和被统治者类别不同，就应熟习各不相同的才识，而公民兼为统治者和被统治者，就应熟悉两方面的才识，这两种互相抵触的意见，我们的论辩应分析出其间乖违的实质指出的观念。

——《政治学》123 页

由于全体公民都天赋有平等的地位，政治上这种恒业就不可能施行，而且根据公正的原则——无论从政是一件好事或是一件坏事——也应该让全体公民参与政治，安排好执政者轮流退休，这就不失为一个通情达理的办法了。

——《政治学》46 页

作为一个好公民不必人人具备一个善人所应有的品德。

所有的公民都应有好公民的品德，只有这样的城邦才能成为最优良的城邦。

——《政治学》121 页

城邦的一般含义就是为了要维持自给生活而具有足够人数的一个公民集团。

城邦本来是一种社会组织，若公民集合在一个政治团体以内，就成为一个城邦。

——《政治学》113、118 页

城邦应该是许多分子的集合，唯有教育才能使它成为团体而达到统一。

——《政治学》57 页

凡以政治修明著称于世的城邦无不对人口有所限制。任何事物倘使过小或过大都将丧失天赋的能力而不能恪尽其功用。

一个城邦最适当的人口限度：这该是足以达成自给生活所需要而又是观察所能遍及的最大数额。

——《政治学》353、356 页

一邦之内同等的人（具有充分政治权利的公民或统治阶级），如果为数已很多，则本身就能形成为一种民主性质的团体。

——《政治学》266 页

人类自然地应该是趋向于城市生活的动物。人类虽然在生活上用不着互相依赖的时候，也有乐于社会共同生活的自然性情，为了共同利益，当然能合群，（各以其本分参加一个政治团体）各如其本分而享有优良的生活。就我们每个人说来以及社会全体说来，主要的目的就在于谋取优良的生活。但人类仅仅为了求得生存，就已有合群而组成并维持政治团体的必要了，世间的苦难如果不太重，生存的实际也许早已包含了一些良好的因素。

——《政治学》130 页

国势强弱，与其以人数来衡量，不如以他们的能力为凭。如人们的各从其业，城邦也能各尽其用；凡显然具有最高能力足以完成其作用的城邦才可算是最伟大的城邦。

——《政治学》353 页

国家之大小，当视其能否真正统一为标准，不可使其土地扩充至不能统一之地步。

——《理想国》卷 2，63 页

国家的经济储备，不仅应该足以供应每一公民平时在国内的政治活动，还应当有些余裕以应付外敌入侵时的军需。

——《政治学》72 页

我们见到每一个城邦各是某一种类的社会团体，一切社会团体的建立，其目的总是为了完成某些善业——所有人类的每一种作为，在他们自己看来，其本意总是在求取某一善果。既然一切社会团体都以善业为目的，那么我们也可说社会团体中最高而包含最广的一种，它所求的善业也一定是最高而最广的；这种至高而广泛的社会团体就是所谓"城邦"，即政治社团。

——《政治学》3 页

最好的政治团体必须由中产阶级执掌政权；凡邦内中产阶级强大，足以抗衡其他两个部分而有余，或至少要比任何其他单独一个部分为强大——那么中产阶级在邦内占有举足轻重的地位，其他两个相对立的部分（阶级）就谁都不能主治政权——这就可能组成优良的政体。所以公民都有充分的资产，能够过小康的生活，实在是一个城邦的无上幸福。

——《政治学》206 页

军　事

战争必须只是导致和平的手段。

——《政治学》389 页

从事战争的训练不应以奴役不该做奴隶的人们为目的，尚武教育的目的应该是这样：第一，保护自己，以免被人所奴役；第二，取得领导地位，但这种领导绝对不企图树立普遍奴役的体系而只应以维持受领导者的利益为目的；第三，对于自然禀赋原先有奴性的人们，才可凭武力为之主宰。

——《政治学》392 页

蓄意攻伐的人们常常企图创造新法新器，以达到破阵陷邑，获取胜利的目的；凡从事防守的一方，除了采取已经流行的一些设施外，也应殚精竭虑，寻求防御的新法新器。从事攻掠的人们，碰上一个守备坚固、无隙可乘的地区，实际上就不想轻易试其锋锐了。

——《政治学》379 页

战争技术的某一意义本来可以说是从自然中获得生活资料，战争就源于狩猎，而狩猎随后则成为广义的战争的一部分。

——《政治学》23 页

凡考虑应该作战的人，就必须知道城邦的力量和对方的力量。

——《回忆苏格拉底》107 页

一个将领应顾及士兵的安全，给他们提供粮秣，使养兵的目的得以完成。这样做的目的就是为了使他们在作战时可以制敌取胜，获得更大的快乐。

——《回忆苏格拉底》88 页

一个将领必须能够为战争的必要事项进行准备，他必须能为部队取得粮秣，必须是一个足智多谋、精力旺盛、谨慎、懂事、坚韧不拔而又精明强干的人；和蔼而又严峻；坦率而又狡诈；善于警惕而又巧于偷袭，挥金如土而又贪得无厌；慷慨大方而又锱铢必较；审慎周详而又大胆进取，有许多别的品质，有的是天生的，也有的是学习得来的，这些品质都是一个想当将领的人所必须具备的。当然，懂得战术也是好的；因为阵营严整的军队和乌合之众是大不相同的，正如石、砖、木、瓦，如果乱扔在一起就毫无用处，但如果把那些不易腐朽的材料，也就是说，把石头和瓦放在底层和上面，而把砖和木放在中间，就能够建造起有极大价值的房子来。

——《回忆苏格拉底》185 页

在任何情况下，人们都是甘心服从他们所认为最能指挥他们的人的。

——《回忆苏格拉底》91 页

真正之守御者，当兼有哲学精神与魄力。

——《理想国》卷 1，90 页

凡有守御国家之责者，当摒弃一切，专以保守其国家之自由为唯一之目的，凡与此目的相背者，当放弃之。

——《理想国》卷 1，15 页

军人者，国家赖之以存、人民赖之以安也。

——《理想国》卷 2，58 页

哲 学 篇

哲学与人

哲学被称为真理的知识自属确当。因为理论知识的目的在于真理，实用知识的目的则在其功用。从事于实用之学的人，总只在当前的问题以及与之相关的事物上寻思，务以致其实用，于事物的究竟他们不予置疑。

——《形而上学》33 页

人而不能以思想启人，则亦不能明人之思想。

——《理想国》卷 4，33 页

哲人应该施为，不应该被施为，他不应该听从他人，智慧较少的人应该听从他。

——《形而上学》4 页

理想力为哲学家唯一之利器。

——《理想国》卷 5，24 页

哲学智慧的活动恰是被公认的能给人以愉快的，这种愉快因其纯粹和持久而更可贵，并且我们有理由认为那些有知识的人比那些正在研究的人会生活得更愉快。

——《尼可马可伦理学》,《古希腊罗马哲学》326 页

所有其他学术较之哲学确为更切实用,但任何学术均不比哲学为更佳。

——《形而上学》6 页

对于哲学的科学之研究,它是有用的,因为从一个问题的正反两方面提高探讨困难的能力,会使我们更易于在所产生的若干论点方面察觉真理和谬误,它的更多的用处涉及用于好些科学的原理的最后基础。

——《工具论》267 页

哲学并不研究个别主题具有这些或那些偶然属性,它所尚想于事物者将以阐明万事万物之所以成为此事此物之实而已。——物理与数学的地位相同;物学研究事物之属性,阐明其动变原理而不管其实为何如(至于我们所说的第一学术也涉及属性和动变原理,这不为别的,而只是因为在属性与变动上另有为之底层者存在);所以物学与数必须编次为智慧的分支(哲学的部分)。

——《形而上学》216 页

除哲学家之快乐外,无正当之快乐,哲学家之快乐为真快乐,余皆快乐之影像耳。

——《理想国》卷 5,27 页

哲学专在一般实事求是,重于通则,略于偏别之处。

——《形而上学》214 页

一些最初探索存在的真谛和本性的哲学家,就像迷了路的人那样

走错了路。

——《物理学》38 页

彼具哲人精神者，虽不当自戕其生以违正义，而视死如归则固其所矣。

——《柏拉图五大对话集》67 页

哲人的文章，既有生命，又有灵魂。

——《文艺对话集》171 页

真正哲人者，其行止非必求谅于众人，方将从事于死于求死，诚若是，终其生以求之，轻而获之，夫何怨之有？

——《柏拉图五大对话集》71 页

谁最精习于一科属的事物，谁就必然能够陈明有关这一门的最确实原理，所以谁最精习于现存事物者，也必然能够陈述一切事物的最确实原理。唯有哲学家能如此，最精确的原理是万无一误的原理。这样的原理宜非虚语，而且应该为众所周知。凡为每一个有些理解力的人所理解的原理必不是一个假设；凡为有些知识的人所必知的原理当是在进行专门研究前所该预知的原理。

——《形而上学》62 页

虽说一个哲学家正像一个正直的人或一个具有其他任何一个不同的美德的人一样，需要必须的生活条件，而当他们已经充分具备了这种东西之后，正直的人还需要那些他能对之作公正的行动的人们，而有节制的人、勇敢的人以及有其他美德的人也都是如此。但是，哲学家即使一个人的时候，也能够沉思真理，并且他越有智慧就越好，如果他有共同工作者，这事他也许能够做得更好些，但是他总还是最自足的。好像只有这种活动才会因其本身而为人所爱，因为除了沉思之外，没有别的东西从它产生，而从实践的活动中，则除行为本身之外，我们或多或少总是有所得的。

——《尼可马可伦理学》，《古希腊罗马哲学》326 页

凡社会性动物，在它们的社会中，必然存在有某一共同目的；这种社会性质，并不是一切群居动物所概有的。

——《动物志》20 页

真　理

真理的证明与认识必须是一致的。

——《形而上学》154 页

在真理与友谊两者俱为我们所亲的情形下，为了保卫真理，我们宁取真理，这乃是神圣的义务。

——《尼可马可伦理学》，《西方伦理学名著选辑》283 页

尊重人不应该胜于尊重真理。

——《文艺对话集》67 页

唯有明白真理的人才最会看出真理的类似。

——《文艺对话集》166 页

凡以不是为是、是为不是者，就是假的，凡以实为实，以假为假者，就是真的。所以，人们以任何事物为是或为不是，就得说这是真的或是假的……定义总是怎么是真实，怎么是虚假。事物以肯定或否

定之一形式为联结则成真实，以另一形式为联结便成虚假。

——《形而上学》79 页

真与假不在事物——这不像那善之为真与恶之为假，存在于事物本身——而只存在于思想之中。

——《形而上学》124 页

真假的问题依事物对象的是否联合或分离而定，若对象相合者认为相合，相离者认为相离就得其真实；反之，以相离者为合，以相合者为离，那就弄错了。

并不因为我们说你脸是白，所以你脸才白，只因为你脸是白，所以我们这样说才算说得对。

——《形而上学》186 页

人是世间万物的尺度，是一切存在的事物所以存在、一切非存在的事物所以非存在的尺度。

——《普罗泰戈拉篇》，《西方伦理学名著选辑》27 页

灵魂既与肉体相合，则灵魂必为治理者，肉体必为服从者。

——《柏拉图五大对话集》107 页

所有技术中，治心之术，对于昏淫、邪辟、怯懦，等等，最宜于匡救而纳之于正道。

——《泰阿泰德·智术之师》151 页

身体上之完善不能使品格完善，而高尚之品格实能使身体完善。

——《理想国》卷 2，30 页

灵魂之为物，要是本质上及其在人生所表达的境界上，比我们的财产或躯体更可珍贵，最高尚的灵魂也一定比我们最富饶的财产或最健壮的躯体为更可珍贵。

——《政治学》341 页

偶然性

每一将来的事情都将是"必然的"；活着的人必然有一天将死亡；因为在他有生之日，某些条件，如与生活为对立的死亡因素已进入他的身体之中。但他将死于疾病，或忽然暴卒，则尚未确定，这还得看遭遇的其他事情。

——《形而上学》123 页

必然的东西被置于产生过程之中。

必然的东西是因"假设"的，而不是作为在它以前的那些事物决定的必然结果。

——《物理学》65 页

偶然性和由于偶尔发生的事情只属于一个能有幸的（一般地说，是有道德价值的）动力。因此，偶然性必然是和道德价值联系着的。幸运被认为和幸福是同一的或差不多是同一的，而幸福被认为是某种道德价值的活动——因此，凡不能有道德价值的事物就不能做任何由于偶然的事情。所以，无生物、低等动物或都不能做任何由于偶然的事情，因为它们没有确定意图的能力，幸运和不幸也不能用于它们。

——《物理学》58 页

偶然性是有意图有目的的行动中的由于偶然属性的原因。因此，思考和偶然性是属于同一范围的，因为意图不是没有思考的。

　　偶然性被认为属于不确定的事物之列，并且是人所无法捉摸的。也正为如此，所以有人认为没有什么是由于偶然而发生的。因为，一方面，确实有事情由于偶然而发生着。另一方面，绝对地说，偶然性不是任何事物的原因。

——《物理学》56 页

　　由于必然性而发生的或者说总是这样发生的事物和通常这样发生的事物，其中没有哪一种其发生的原因被说成是偶然性，也没有人说它们的发生是由于偶然性。但是既然除了这两种事物而外，还有别类事物发生着，并且大家都说它们是由于偶然性而发生的，可见是有偶然性和自发性的。

——《物理学》65 页

　　在现存事物中有些保持着常态而且是出于必然，有些则并非必然，也非经常，却也随时可得而见其出现，这就是偶然属性的原理与原因。这些不是常在，也非经常的，我们称之为偶然。

　　凡是"偶然"属性所由存在或产生的事物，其原因也是偶然的，所有事物并不都是必然与经常的存在或发生，世间大部分的事物只是大多数如此而已，所以偶然必定是存在的。

——《形而上学》122 页

　　某些事情原来常是出于某种作用、符合于某些目的，因而才忽然发生，此类事物其起因不能不归之偶然者，便是机遇，这样的机遇与思想照顾着相同的范围；因为那些作用原来应该是凭依思想而发生的。引致机遇结果的原因是无定的，所以"机遇"幽隐，非人智所能运算，这种偶然的缘由可算是无原因的原因。其结果为善为恶，为吉为凶，就说是好运或噩运；倘若所遭遇的后果规模很巨大，这就说是兴盛或衰败。

因为偶然事物均不会先于自然事物，所以偶然原因也不会先于自然原因。如有以"机遇"或"自发"为物质宇宙之原因者，则"理性"与"自然"当已先之而为原因。

——《形而上学》224页

所谓自发，一般地说来是适用于有目的的事情范围内，因外在的原因而没有发生实在的结果的事情，如果这种自发的结果是出于能有意图的人的意图，那它们就说成是由于偶然性。

——《物理学》59页

偶然性和自发性两者属于既不是绝对地又不是通常地如此发生的事物，而且属于那些为了某种目的而发生的事物。

——《物理学》58页

在自然产生的事物里，自发和偶然分别得最清楚，因为一个事物产生得违反自然，我们不说它是由于偶然而产生的，宁可说它是自发产生的。还有一个分别，即自发的原因是内在的，偶然的原因是外在的。

——《物理学》59页

如果某一偶然事件的结果是好的，人们就说是"好运气"，如果是坏的，就说是"运气不好"；如若事情的结果比较重大，就用"幸运"和"不幸"。因此，如果刚好避开了一件重大的坏事或错过了一件重大的好事，人们也说"幸运"和"不幸"。因为我们把思考中的好与不好和实际中出现的好不好一样看待，好像没有分别似的。

——《物理学》57页

幸运是变化无常的，因为偶然性是变化无常的，因为没有一个恒常的或者通常如此的事物能属于偶然的事物一类。

——《物理学》57 页

时　间

时间的一部分已经存在过，现在已不再存在，它的另一部分有待产生，现在尚未存在。并且，无论是无限的时间之长流，还是随便挑取其中的任何一段，都是由这两部分合成的。而由不存在的事物所合成的事物是不可能属于存在的事物之列的。

——《物理学》121 页

假设一可分的事物存在着，那么，在它存在时，它的所有部分或一些部分必然正存在着。至于时间，虽然它是可分的，但它的一些部分已不存在，另一些部分尚未存在，就是没有一个部分正存在着。"现在"不是时间的一个部分，因为部分是计量整体的，整体必须由若干个部分合成，可是时间不被认为是由若干个"现在"合成的。

——《物理学》121 页

如果"现在"是永远不同的一个又一个，而在时间里没有哪两个不同的组成部分是同时并存的（除非是一个部分被另一个部分所包括，一个较短的时间被一个较长的时间所包括）；此外，以前存在如今不在的"现在"必然在某一个时候已经消失了，那么就不能有几个"现在"彼此同时存在，前一个"现在"必然总是已经消失了的。但是前一个"现在"不能消失在它自身内，因为当时它还正存在着；但它也不能消失在后一个"现在"里。因为我们必须坚持一个基本原理："现在"是不能彼此一个接在另一个后面的，就像"点"不能一个接一个那样。因此，如果它不消失在下一个"现在"里，而是消失在再后的某一个"现在"里的话，那么它就会与（它存在时的和消失时的）两个"现在"之间的无数个"现在"同时并存。但这是不行的。

——《物理学》105 页

如果时间上的共存（不先不后）就意味着存在于同一个"现在"里的话，那么，如果以前的事物和以后的事物都存在于这同一个"现在"里，那么一万年前发生的事情就会和今天发生的事情是在同时，也就没有任何事物先于或后于别的任何事物了。

——《物理学》109 页

……至于说到时间是什么或者说它的本性是什么，前人给我们留下的解释，并没有比前面刚才讨论的问题启发更多；（a）有人主张时间是无所不包的天球的运动，（b）有人主张时间就是天球本身。但是（a）循环旋转的部分也是一个时间，但它确实不是循环旋转，因为所取的是循环旋转的部分而不是循环旋转。此外，如果天有多重，如果任何一重天的运动都同样的是时间，那么就会同时有许多个并行的时间了。（b）认为时间是整个天球的那些人所持的理由是，万物都发生在时间里，也都存在于整个天球里。这种说法是太荒诞了，以致无需研究如何来说明它的不合理性。

——《物理学》132 页

一种最流行的说法是把时间当作一种运动和变化，因此必须研究这种见解。每一个事物的运动变化只存在于这变化着的事物自身，或存在于运动变化着的事物正巧所在的地方；但时间同等地出现于一切地方，和一切事物同在。其次，变化总是或快或慢，而时间没有快慢。因为快慢是用时间确定的：所谓快就是时间短而变化大，所谓慢就是时间长而变化小；而时间不能用时间确定，也不用运动变化中已达到的量或已达到的质来确定。因此，可见时间不是运动，这里我们且不必去管运动和变化有什么区别。

时间不能脱离变化。因为，如果我们自己的意识完全没有发生变化，或者发生了变化而没有觉察到，我们就不会认为有时间过去了。正像那些神话里在英雄们身边睡着了的人们，在醒来时所以为的那样。因为他们把前一个现在和后一个现在重合在一起，当作是一个，由于没有觉察到而除去了中间的一段时间。因此，正如"现在"若无区别而仍是同一个，就没有时间，若"现在"的区别未被觉察到，中间的这一段时间也就这样似乎存在。因此，如果我们没有辨别到任何变化，心灵显得还保持在"未被分解的"这种状态下，我们就会发生以为时间不存在的现象；如果我们感觉辨别到了变化，我们就会说已经有时间过去了。可见时间是不能脱离运动和变化的。

——《物理学》128 页

既然我们要探究"时间是什么"的问题，我们必须以此结论为出发点来了解"时间是运动的什么"。须知我们是同时感觉到运动和感觉到时间的。因为，虽然时间是难以捉摸的，我们不能具体感觉到的，但是，如果在我们意识里发生了某一运动，我们就会同时立刻想到有一段时间已经和它一起过去了。反之亦然，在想到有一段时间已经过去了时，也总是同时看到有某一运动已经和它一起过去了。因此，时间或为运动或为"运动的某某"，既然它不是运动，当然就只有是"运动的某某"了。

——《物理学》137 页

当我们用确定"前""后"两个限来确定运动时，我们也才知道了时间。也就是说，只有当我们已经感觉到了运动中的前和后时，我们才说有时间过去了。并且，我们是通过辨别前一个限和后一个限以及两个限之间的（有别于两个限本身的）一个间隔来确定它们的。因为，在

040 Guxila Sanzheren Mingyanlu

我们想到两端有别于其间的间隔时，理性告诉我们"现在"有两个"前"和"后"时，我们才说这是时间，因为，以"现在"为定限的事物被认为是时间。我们假定这点吧。

——《物理学》134 页

当我们感觉到"现在"只是一个时，并且，既不是作为运动中的"前"或"后"，也不等同于作为一段时间的"后"和其次一段时间的"前"，就没有什么时间被认为过去了，因为没有任何运动。但是，当我们感觉到"现在"有前和后时，我们就说有时间。因为时间正是这个——关于前后的运动的数。

——《物理学》139 页

正如运动总是在不停地继续着那样，时间也是不停地继续着的。但所有同时的时间是同一个（因为"现在"的本质是同一个），但是放在一定的关系中看，它又不是同一的。再者说，"现在"分时间为"前"和"后"。但这个"现在"在一种意义上是同一的，在另一种意义上是不同一的：作为不断继续着的"现在"，是不同的（它之所以为"现在"正是这个意思）；作为本质它又是同一的。

——《物理学》144 页

显然，没有时间就没有（现在），没有"现在"也就没有时间。因为，正如作位移运动的物体和位移运动共存一样，位移物体的数和位移的数也是共存的。因为，时间是位移的数，而被比作为运动物体的"现在"是数的单位。

——《物理学》127 页

"现在"的本质，在前和后里，也是同一的（原因在于它是运动中的前和后），但它是"前一个现在"还是"后一个现在"，这是不同的，因为"现在"是作为可数的前和后。这是最明白的：运动是通过运动着的事物才被认识的，位移是通过作，位移运动的物体才被认识的，因为位移的物体是具体的，而运动不是具体的。所以说，"现在"总是在一种意义上同一，在另一种意义上又不同一，因为运动的物体也如此。

——《物理学》131 页

时间因"现在"而得以连续，也因"现在"而得以划分。因为这里也有相当于位移和位移物体之间的关系：运动或位移因位移的事物而成为一连续体，它是一个连续体倒不是因为它本身是一个连续体（因为也可能有停顿），而是因为根据定义看来是一个连续体。这运动物体也作为"前"和"后"的运动的分界，在这方面它与点有某种类似之处。因为点既然延续长度，又定限长度，因为它是一段的起始，同时是另一段的终结。但是在人们这样地一物二用的时候，如果同一个点既是起点又是终点，就必然会有停顿。

——《物理学》138 页

"现在"（由于运动的事物是在运动中的，所以）是不断变换着的。因此，时间所以是数，不像一个点那样既是起点同时又是终点，倒像同一线段的两端；也不像同一线段的几个部分。前者的理由如上述（因为把中间的分界点作为双重意义，就会包含了停顿），后者的理由是：显然"现在"不是时间的部分，段落也不是运动的部分，就像点不是线的部分一样，因为一条线的部分是两个线段。因此"现在"作为限就不"是时间"，而是"属于时间"，而作为计数者，它是数。因为"限"只是属于被它们定限的事物，而数，例如"十"，则是这十匹马以及其他可数事物的数。

——《物理学》138 页

时间本身不能说"快慢"，而是"多少"或"长短"。因为作为连续体说它是"长短"，作为数说它是"多少"；但它不是"快慢"，因为，即使我们用以计数的数，也不是说快慢的。

——《物理学》129 页

在任何地方，同时的时间都是同一的，前后的时间就不是同一的，因为"正在发生的"变化是一个，而"已发生的"变化和"将发生的"变化不是同一个。时间不是我们用以计数的数，而是被计数的数，所以这个数因先后不同而永不相同，因为"现在"是各不相同的。一百匹马和一百个人的数目是同一的，但被数者是不同的，马不同于人。其次，像运动过程能一再反复地同一那样，时间也能如此，例如年、春、秋即是。

——《物理学》141 页

我们不仅用时间计量运动，也用运动计量时间，因为它们是相互确定的。时间既然是运动的数，所以它确定运动。运动也确定时间。我们说出用运动计量的时间是多是少，就像用被计量的事物来说数一样，在时间和运动的关系上也一样，因为我们一方面用时间来计量运动，另一方面也用运动来计量时间。这是一个很合逻辑的结果，因为运动相应于量，时间相应于运动，它们都是有量的、连续的和可分的。因为，运动之所以是这样，由于量（大小）是这样的，而时间所以是这样，由于运动是这样的。此外，我们用运动来计算量，也用量来计算运动，例如作了长途的跋涉，我们就说路途是长的；如果路途是长的，我们就说作了长途的跋涉。时间和运动之间的关系也如此，运动是怎样时间也是怎样，时间是怎样运动也是怎样。

——《物理学》147 页

既然时间是运动和运动存在的尺度，而时间计量运动是通过确定一个用以计量整个运动的运动来实现的，正如肘尺计量长度是通过将一肘长规定为一个计量全长用的单位来实现的那样。并且，运动之所谓"存在于时间里"就意味着，时间既计量运动本身，也计量运动的存在，——因为它计量运动和计量运动的存在是同时的，并且，运动的

"存在于时间里"正是意味着，它的存在是以时间计量的——显然，其他事物的"存在于时间里"也是如此，即由时间计量它们的存在。

——《物理学》147 页

所谓"存在于时间里"有两种含义：（1）在时间存在着的时候存在着；（2）像我们说一些事物"存在于数里"那样，而后者又（a）意味着这些事物是数的部分或数的方式，一般地说，是"数的某某"；（b）或意味着这些事物有数。

——《物理学》149 页

"在时间存在着的时候存在着"并不等于"存在于时间里"，就像当运动或空间存在着的时候存在，并不等于存在在运动里或空间里一样。因为，如果在某事物里就是这个意思的话，那么一切事物就可以在随便什么事物里了，宇宙也可以存在在一粒谷里了，因为当谷粒存在时宇宙也存在着。但这个说法偶然是合适的；反过来说是必然合适的：事物存在在时间里必然意味着，事物存在时相应的时间也存在；事物存在在运动里必然意味着，事物存在时相应的运动也存在。

——《物理学》142 页

在时间里所有事物应被时间所包括，就像其他"在某事物里的事物"也被某事物所包括，例如，在空间里的事物被空间所包括一样。因此，事物也受到时间一定的影响，正如我们惯常说"时间消磨着事物"以及"一切事物俱因时间的迁移而变老了，由于时间的消逝而被淡忘了"等等。然而我们不说，随着时间的过去学会了什么，或变年轻了，或变美好了。因为时间本身主要是一个破坏性的因素，它是运动的数，而运动危害着事物的现状。

——《物理学》151 页

永恒的事物不存在于时间里，因为它不被时间所包括，它们的存在也不是由时间计量的。可以证明这一点的是：这种事物没有一个会受到时间的影响。这表明它们不存在于时间里。

——《物理学》158 页

在时间里的事物并不像在运动中的事物那样必然在运动着，因为时间不是运动，而是运动的数；而静止的事物也能存在在运动的数里，需知并不是所有不动的事物都能被说成是"静止着"的，只有那些本性能运动而不在实际运动着的事物才能说是"静止着"。

——《物理学》150 页

"现在"分时间为"前"和"后"。但这个"现在"在一种意义上是同一的，在另一种意义上是不同一的：作为不断继续着的"现在"，是不同的（它之所以为"现在"正是这个意思），作为本质它又是同一的。

没有时间也就没有"现在"，没有"现在"也就没有时间。

——《物理学》126 页

现在是时间的一个环节。连接着过去的时间和将来的时间，它又是时间的一个限：将来时间的开始，过去时间的终结。

既然"现在"是时间的终点和起点，但不是同一时间的终点和起点，而是已过时间的终点和将来时间的起点……时间永远在开始和终结之中……时间不会消灭，因为它总是在开始着。

——《物理学》132 页

当一运动物静止，或静止时向运动转变，无疑地它必然不是在一个时间里。没有一个时间，任何的在它里可以同时既不运动又不静止。

——《巴曼尼德斯篇》275 页

既然时间是运动的尺度，附带地它也应该是静止的尺度。因为一切静止都是在时间里的。

——《物理学》131 页

　　既然任何运动着的事物都是在时间里运动着，时间越长，运动通过的距离也越大。那么一个有限的运动是不可能在无限的时间里进行的——这不是指同一个运动或它的某一个部分永远不断地反复，而是指整个的运动在整个的时间里而言。

——《物理学》184 页

　　凡没有运动和静止的事物都不在时间里，因为"在时间里"就是指"被时间计量"和"时间是运动和静止的尺度"。

——《物理学》131 页

　　既然任何一个运动都发生在时间里，并且在任何一段时间里都能有运动；同时，任何一个运动着的事物都既能运动得快些，也能运动得慢些，又在任何一段时间里都能有较快的运动，也能有较慢的运动，既然如此，那么时间也必然是连续的。

——《物理学》167 页

　　既然在"时间里"像"在数里"一样，那么可以认为时间比一切在时间里的事物都长久。因此，必然在时间里的所有事物应被时间所包括，就像"在某事物里的事物"也被"某事物"所包括，例如，"在空间里的事物"被"空间"包括一样。

——《物理学》131 页

　　一切变化本质上说都是脱离原来的状况。万物皆在时间里产生和灭亡。也正因为此，才有人说时间是最智慧的。

——《物理学》134 页

时间不是运动，而是使运动成为可以计数的东西。我们以数判断多或少，以时间判断运动的多或少。因此，时间是一种数。但是，数有两种涵义，我们所说的数有："被数的数"（或可数的数）和"用以数的数"，时间呢，是被数的数，不是用以计数的数。正如运动总是在不停地继续着那样，时间也是不停地继续的。但所有同时的时间是同一个，但是放在一定的关系中看，它又不是同一的。

——《物理学》126 页

时间既不是运动也不能脱离运动。

我们是同时感觉到运动和时间的。因为时间虽然是难以捉摸的、我们不能具体感觉到的，但是，如果在我们意识里发生了某一运动，我们就会立刻同时想到有一段时间已经和它一起过去了。反之亦然，在想到有一段时间已经过去了时，也总是同时看到有一运动已经和它一起过去了。因此，时间或为运动或为运动的某某。既然它不是运动，当然就只是运动的某某了。

——《物理学》124 页

我们不仅用时间计量运动，也用运动计量时间。因为，它们是相互确定的，时间既然是运动的数，所以它确定运动。运动也确定时间。

——《物理学》129 页

每一个事物的运动变化只存在于这变化着的事物自身，或存在于运动变化着的事物正巧所遇的地方，但时间等同地出现于一切地方，和一切事物同在。其次，变化总是或快或慢，而没有快慢。因为快慢是用时间确定的，所谓快就是时间短而变化大，所谓慢就是时间长而变化小。而时间不能用时间确定，也不能用运动变化中已达到的量或已达到的质来确定。

——《物理学》123 页

既然运动事物是由一处运动到另一处的，并且任何量都是连续的，因此运动和量是相连的：因为量是连续的，所以运动也是连续的，而时间是通过运动体现的，运动完成了多少总是被认为也说明时间已过去了多少。"前"和"后"的区别首先在空间方面的，在空间方面它们用于表示位置；其次，既然量里有前后，运动里也必然有前后，但是因为时间和运动总是相联的，所以时间里也有前后。时间里的前后和运动里的前后，两者存在的基础是运动，但是在定义上前后有别于运动，也就是说，不是运动。当我们用确定"前""后"两个限来确定运动时，我们也才知道了时间。也就是说，只有当我们已经感觉到了运动中的前后时，我们才说时间过去了。

——《物理学》124—125 页

空　间

　　我们认为：(1)空间乃是一事物(如果它是这事物的空间的话)的直接包围者，而又不是该事物的部分；(2)直接空间既不大于也不小于内容物；(3)空间可以在内容事物离开以后留下来，因而是可分离的；(4)此外，整个空间有上和下之分，每一种元素按本性都趋向于它们各自特有的空间并在那里留下来，空间就根据这个分上下。

——《物理学》100 页

　　如果不曾有过某种空间方面的运动，也就不会有人想到空间上去。须知也正是因为这个缘故我们才特别觉得宇宙也是在空间里的，因为它总是在运动着。

　　与空间有关的运动，其一是位移，其二是增和减，因为在增和减的过程中空间也在变化着，也就是说，原来在这样大的空间里的事物，现在变得是在一个比以前大或小些的空间里了。

——《物理学》97 页

既然我们说某物"在宇宙里"，是指在空间里的意思，那是因为某物在空气里，而空气在宇宙里的缘故；同时，我们说某物"在空气里"也不是指在全部空气里，而是指在包围着这个物体的那些空气里。因为，如果全部空气是它的空间的话，那么每一个事物和它的空间就不是一样大了，但是它们被公认为是一样大的。

——《物理学》105 页

如果事物和包围着它的东西是分不开的，互相结合着的，那么该事物在那个包围的东西里就不是在空间里，而是作为部分存在整体里。但是，如果事物和它的包围者是可分离的，是互相接触着的，事物就是直接在包围着它的物体的内面里，而这个面既不是内容物的一部分，也不比它大，而是一样大，因为事物互相接触时接触面是一致的。

——《物理学》110 页

如果一事物同另外的事物是连结着的，它就不是"在那个事物里"运动着，而是"和那个事物一起"运动着。如果是可分离的，它就是"在那个事物里"运动着。而包围着的事物是否在运动着，那是没有什么关系的。再者，如果是不可分离的，它就被说成为部分在整体里，比如瞳孔在眼睛里，或者手在身体里；如果是可分离的则像水在桶里或酒在坛子里。因为手是和身体一起运动的，而水是在桶里运动的。

——《物理学》110 页

有四个东西，空间必须是其中之一：或形式，或质料，或限面间的一个独立的体积，或限面本身（如果除了那个产生于其中的物体的大小而外别无体积的话）。

显然其中三个是不可能的。形式包围着事物，所以人们觉得它似乎是空间，因为包围者和被包围者的界面是同一个。的确，形式和空间两者都是限，不过二者是不同的：形式是事物的限，空间是包围物体的限。

——《物理学》102 页

　　当水和空气互移时，两者整体中的所有部分也将和先前容器中的全部水一样地活动着；同时这种空间也能移动。因此就会有空间所占有的另一个空间了，就会同时有许多个空间一个套着一个了。

　　当容器连同内容物作为一个整体移动时，其内容物作为整体的部分，不更换自己的空间，而是仍然在原来的空间里，因为空气和水（或水的部分）相互替换是在最近的空间里，不是在它们产生的空间里（后者是整个宇宙空间的一部分）。

——《物理学》102—103 页

　　如果把空间作为一个不受内容物变化影响的无内部差异的连续体来加以考察的话，空间似乎是质料。因为，恰如在发生质的变换时，某事物原来是黑的现在是白的，或者原来是软的现在是硬的（因此我们说的确有质料存在着）一样，空间因为有某种同样的现象而被认为也是如此的。区别只在于：我们想象应有质料存在，是因为原来是空气的东西现在是水；而想象有空间存在是因为看到原来空气所在的地方现在水在这里。

——《物理学》107 页

　　空间被认为很重要但又很难理解，一方面是由于质料和形式显得同它在一道，另一方面由于运动物体的位移是发生在一个静止的包围者里面，一个有别于运动的量的体积存在着，这似乎是可能的。还有，空气的无形也使人相信有一个这样的东西存在，因为，不仅容器的限面显得是空间，还有限面间空着的部分也显得是空间。

——《物理学》125 页

恰如容器是能移动的空间那样，空间是不能移动的容器。因此，当某一事物在运动着的事物内运动，或者说，在它里面移动着，如船在河里移动着，宁可作为在包围的容器里，而不作为在包围的空间里。空间意味着是不动的，因此宁可说整条的河是空间，因为从整体着眼，河是不动的。因此，包围者静止的最直接的界面——这就是空间。

——《物理学》118 页

　　如果一物体有另一物体在它外面包围着，它就是在空间里，否则它就不是在空间里。所以水即使无包容者，它的各部分还是能运动的，因为各部分相互包围着；但是，作为整体，一方面是能运动的，另一方面又是不能运动的，因为作为整体，它不同时改变空间，它是做环形运动的，而这个空间是它的各个部分的空间。

——《物理学》105 页

　　虽然有的事物不是向上和向下运动，而是做环形运动的。但有的事物，即能浓缩和稀释的事物，则是向上和向下运动的。……有的事物潜能在空间里，有的事物现实地在空间里。如果事物是同种的连续体，各部分就是潜能在空间里，如果各部分是分离着但又接触着的，像一堆事物那样，它们就是现实地存在于空间里。

——《物理学》108 页

　　有的事物是因自身而在空间里——所有元素体都因自身而在某处运动（或位移或增长）。但是，……宇宙作为整体，既然没有任何物体包围着它，就不能说是在某处，也不能说是在任何空间里。但是照它运动的方式，它的各部分是在空间里，因为一个部分包着另一个部分。另外，有的事物是因别的事物而在空间里的，如灵魂。宇宙也是如此，因为它的所有各部分是在空间里，因为它的各部分呈环形，一层包着另一层。

——《物理学》108 页

空间并不必须和它里面的物体同时增长；点没有空间，两个物体不能在同一个空间里，空间也不是一个有形的独立的体积，因为空间内的东西是物体——随便是什么物体，而不是物体的体积。其次，空间也可以说是"在某处"，但这里的"在某处"不是作为在空间里，而是作为在受限的物体上的限。因为不是任何事物都是在空间里的，只有能运动的事物才在空间里。

——《物理学》109 页

每一种元素体都趋向自己特有的空间，这个说法是有道理的。因为互相毗邻的、自然而然地相互接触的两元素体关系亲近；加之，虽然同种元素体自身内的各个部分没有相互作用，但互相接触的不同元素体之间却有相互作用。

每一元素体都因本性分别地逗留在各自的空间里，这也不是没有道理的。因为这个部分在整个空间里就像（如果有人把水或空气的部分搅动起来的话）被分离的部分对整体的关系一样。

——《物理学》125 页

对于自然哲学家来说，必须要像了解无限那样地来了解空间。问题包括：空间是否存在？如何存在着？以及，空间是什么？

大家公认，存在的事物总是存在于某一处所（不存在的事物就没有处所，例如"鹿羊和狮人在哪里存在呢"）。并且，"运动"的最一般最基本的形式是空间方面的运动（我们称之为位移）。

——《物理学》92 页

根据相互换位的现象来看，空间被认为是显然存在的。例如，水现在在某处，当它从某一容器中流走时，空气随后就补充进来。因此在另一物体占有了这同一空间时，人们理解到空间是不同于存在于其中并相互换位的一切物体的。原来容受水的器皿现在容受空气，显然，水出来和空气进去的那个空间（或者说处所）是有别于这两者的另一个东西。

——《物理学》92 页

自然体（或者说单体，如火、土等）的位移不仅表明的确有空间这东西，而且表明空间具有一种特性。即，如果没有外力影响的话，每一种自然体都趋向自己的特有空间，有的向上，有的向下；而空间的各个部分（或"种"）是上和下，还有左、右、前、后。

不过，空间这些个"种"——上、下、左、右——不是就与我们的关系而言的。就与我们的关系而言，它们不是永远同一的，而是随着我们转动所产生的相对位置而定的，因此同一位置可以是右也可以是左，可以是上也可以是下，可以是前也可以是后。

——《物理学》95 页

如果物体有空间（或者说处所），那么显然，面以及物体的其他的限也应该有空间，因为道理是一样的：原来水的平面在哪里，接着它的空气的平面也会就在哪里。但是我们却不能区别点和点的空间。因此，如果说点的空间和点没有分别，那么别的事物的空间和别的事物也就应该没有分别，空间就不是这些内容物体之外的另一东西了。

——《物理学》93 页

既然有的说法是直接用于自身的，有的说法则是间接的，空间也有两种：一是共有的，即所有物体存在于其中的；另一种特有的，即每个物体所直接占有的。

——《物理学》97 页

现在假设空间是指包容各物体的直接空间，它就应该是一个限。因此应该认为空间是确定每个事物的量和量的质料的形式或形状，因为后者是每个物体的限。从这个观点出发，一个事物的空间就是这个物体的形式了。

——《物理学》101 页

如果我们把空间当作量的体积，它就是质料了。须知量的体积是不同于量的，是有形式包围着确定着的，如同被面或限所包围确定着一样。质料或不确定者正是这样的。因为把限或范围的特性一去掉，留下来的就只有质料了。

——《物理学》101 页

如果我们这样地看待空间，即如果把它看作质料或形式的话，那么我们自然地会觉得认识空间是什么一件困难的事情。因为质料和形式都是极难看清楚的，在互相分离的状况下格外不容易认识它们。

但是要看出空间不是质料或形式这两者之一，这是不难的。因为事物的形式和质料是不能脱离事物的，而空间是能脱离事物的。

——《物理学》96 页

空间被认为是像容器之类的东西，因为容器是可移动的空间，而不是内容物的部分或状况。

那么，既然空间是可以同内容物分离的，它就不是形式；而且，既然它是包容别的事物的，它就不同于事物的质料。并且"存在于某处的事物"总是被理解为，它本身是一个事物，同时还有别的东西在它外面。

——《物理学》96 页

如果空间是质料或形式的话，那么物体如何能进入它自己的空间呢？不具有运动也不具有上或下，这样的东西不可能是空间。因此，必须正是在具有这些特性的东西里寻找空间。

如果空间是在自身内（如果它是形状或质料就必然如此），那么就会有空间在空间里了。因为形式和不确定者即质料，都是和事物同时运动变化的，而且不是永远固定在同一个地方的，而是事物在那里，它也在那里的，因此就会有空间的空间了。

——《物理学》99 页

既然没有一个容器是它的内容物的部分（因为容器直接持有的内容物和容器是不同的），空间就既不会是内容物的质料也不会是形式，而是某种另外的东西，因为质料和形式两者都是内容物的部分。

——《物理学》97 页

运动与静止

动有两种，为数各无穷：一种具有施的能力，一种具有受的能力。两种动相交相磨而致无数成对的果。

——《泰阿泰德·智术之师》43 页

动有两种：其一是性质的变更，其二是地点上的迁移或旋转。物既必动而不能不动，便永在各种动中。

——《泰阿泰德·智术之师》74 页

运动共有六种：产生、毁灭、增加、减少、变更、地点改变。

——《工具论》46 页

"运动"的最一般最基本的是空间方面的运动（我们称之为位移）。

——《物理学》92 页

运动着的事物有的是自身的运动，有的是因惯性随着运动的。

——《物理学》107 页

既然范畴分为：实体、质、处所(空间)、时间、关系、量、行动和遭受，那么，必然运动有三类——质方面的运动、量方面的运动和空间方面的运动。

——《物理学》142 页

实体没有运动，因为没有任何与实体对立的存在。关系也没有运动，不过，当相关的一方发生变化时，其另一方面虽没有变化，但却不能与之相适应了，因此关系有偶然的变化。

也没有行动和遭受的运动，一切的主动与被动都没有运动，因为既不能有运动的运动，也不能有产生的产生，一般地，不能有变化的变化。

——《物理学》143 页

运动被认为是一种连续性的东西，而首先出现在连续性中的概念是"无限"(这就是为什么"无限"这个术语常常出现在连续性的事物的定义中的缘故，例如说："可以无限分割的就是连续性")。此外，如果没有空间、虚空和时间，运动也不能存在。

——《物理学》68 页

潜能的事物(作为潜能者)的实现即是运动。例如，能质变的事物(作为能质变者)的实现就是性质变化；能够增多的事物及其反面——能够减少的事物(这两者没有共通的名称)的实现就是增和减；能产生的事物和能灭亡的事物的实现就是生与灭；能移动的事物的实现就是位移。这就是运动，举例解释如下：当能用于建筑的材料在我们说它是"作为能用于建筑的东西"的阶段内，即处在实现活动过程中时，它就是正在被用以建筑；这个运动就是建筑。正如学习、治病、滚转、跳跃、成熟、衰老也俱是如此。

——《物理学》68—69 页

青铜是潜能的塑像，但运动不是作为铜的铜的实现。因为"是铜"和"是一个潜在的能动者"并不同一；要是这二者无条件地同一，也就是说，它们的定义同一，那么作为铜的铜的实现就是运动。但是，它们不是同一的。这个道理若以对立为例就可以看得很明白了，即"是能健康的"和"是能生病的"不同一。因为，如果这两者同一，那么"生病的"和"是健康的"就没有分别了。但是"是健康的"和"生病的"这二者的主体（无论体液还是血液）是同一者。既然"是铜"和"是潜在的能动者"不同一（正如"颜色"和"可以看得见的"不同一那样），可见得，运动是潜能事物作为能运动者的实现。

——《物理学》73 页

运动进行的时间正是潜能事物作为潜能者实现的时间；不先也不后。因为每一事物都可能一个时候在实现着，另一个时候则不在实现着。以可建筑物为例，建筑活动是可建筑事物作为可建筑事物的实现，因为可建筑事物的实现若非建筑活动就是已成为房屋，但是，当房屋已存在时，可建筑的事物就不再是可建筑的事物了，所谓可建筑的事物是指正被用于建造过程中的。因此这个实现必然是建筑活动。而建筑活动是一种运动。

——《物理学》70 页

运动所以被认为是"不定"，其原因在于，它不能单单被归入事物之潜能或单单归入事物之实现，因为（例如）可能的量或现实的量都不必然运动。运动被认为是一种实现，但尚未完成。其原因在于，"在实现着的潜能"本意就是"尚未完成"。所以理解运动是什么就发生了困难，因为若不归入缺失或潜能就必然要归入完全实现，但全都显得不行。所以剩下来只有一个方法了，即把它说成是一种实现，不过这是指我们所说的那种"尚未完成的"实现。这种说法虽然难理解，但却是能成立的。

——《物理学》72 页

凡具有运动潜能的，它的不动叫作"静止"的事物（因为，所谓"静止"就是运动所属的主体的不动），它在推动时自身也被推动，因为推动就是对能运动的事物（作为能运动者）施加行动，但施加行动依靠接触，因此推动者在推动的同时自身也在受到推动。所以运动是能运动的事物作为能运动者的实现；但运动的发生是依靠了同能推动者的接触，因此，推动者同时也被其推动。

——《物理学》75 页

运动是在能运动的事物内进行的。因为实现是能运动的事物的实现，它又是在能推动的事物的推动之下实现的。但能推动的事物的实现活动，并不是在能运动的事物的实现活动之外的。因为，这应该是双方共有的实现活动；能运动者之所以"是能运动的"，是它有这个潜能，而推动者之所以"是推动的"是因为它正在实行着。推动者的实现活动体现在能运动者的实现活动中。

——《物理学》73 页

所谓"一个运动"这句话有几种含义，因为我们这里所说的"一个"有几种不同的含义。

（1）属于同一范畴的运动在"类"上是一个，如所有的位移是一类，质变和位移则不是一类。

（2）当运动不但属于一"类"而且不属于不可分的一"种"时，它就在"种"上是一个；例如颜色有各种的变化，因此变黑和变白在种上不同；但是所有的变白在种上是同一的，所有的变黑亦然。变白不能再分了，因此所有的变白在种上是一个。假如运动碰巧是"类"，同时又是"种"，那么显然，在这种场合下该运动将是在某种意义上并在种上是一个，而不是无条件的在种上是一个；例如在学习中，知识是认识的一个种，但它又是各种知识的一个类。

（3）但是，运动要在实体上和数目上是一个才是无条件的一个。

——《物理学》150 页

运动必须有某一运动着的事物，例如人或金；其次，这事物的运动必须着落在一定的范畴里，例如着落在空间里，或如着落在性质里；还有运动所经的时间，因为万物皆在时间里运动。

——《物理学》150 页

运动所经的（时间）是一个，并且是没有间断的；运动者是一个——不是在因偶性意义上的"一个"（正如"白的"在变黑，卡里斯科在行走，卡里斯科和"白的"可以是一个，但这是因偶性的一个），也不是在"几个主体同做一样的事"的意义上的一个（因为可能有这样的情况：两个人同时被治同一种病，例如眼炎，但这里运动不是真正的一个，只在种上是一个）。

——《物理学》150—151 页

既然任何运动都是连续的，那么无条件是一个的运动必然也是连续的（虽然任何运动都是可分的），并且，如果是连续的运动，也必然是一个。因为，不是任何一个运动都能和任何一个另外的运动相连续，正如绝不可能在任何两个偶然事物之间有连续性，只有那些其外限是同一的事物之间才能有连续性一样。

——《物理学》145 页

无论在"种"上还是在"类"上都不同的运动可以互相顺接，例如一个人可能在奔跑了之后接着立刻得了热病，又如火炬接力赛跑是顺接位移不是连续位移，因为只有在两事物合而为一时事物才能是连续的。所以运动能够是顺接的或顺连的，是因为时间是连续的，但运动的连续性要求运动自身是连续的，也就是说，两运动的外限必须是同一的。因此无条件连续的并且是一个的运动必然在"种"上是同一个，属于一个主体，在一个时间里——在时间方面没有中途的停顿，因为运动中断就必然是静止。

——《物理学》147 页

中途有静止的运动是两个（或更多）而不是一个，因此，如果有某种运动被静止所打断，它就不是一个，也不连续；如果时间有中断，运动就这样地被打断了。虽然运动在"种"上不是一个，如果时间没有中断的话，那么，时间是一个，而运动在"种"上不同。要是运动是一个，必须在"种"上也是一个，虽然在"种"上是一个的运动，并不必然是无条件的一个。

——《物理学》154 页

匀整划一的运动也被说成是一个。因为匀整划一的运动和不匀整划一的运动比较起来，一般总是宁可把匀整划一的看作为一个，如直线运动是匀整划一的，而不匀整的运动是有内部差异的。

——《物理学》153 页

如果运动是完成的，它被说成是在"类"上或"种"上或实体上是一个，正如在别的方面，"完成"和"完成"是"一"所固有的特性一样。但是有时运动即使还是未完成的，只要它是连续的，也被叫作"一"。

——《物理学》139 页

在每一种运动内都有匀整的和不匀整的之别。可以匀整地发生质变，也可以在匀整的线路上位移（如在圆周上或直线上），增和减也是一样。构成运动不匀整性的差异有时反映在运动所经的线路上——因为，如果运动的线路不是一个匀整的量，运动也不可能是匀整的，如折线运动或螺线运动或其他量（它的任意两部分是不相合的）的运动——有时这种差异既不是在空间里，也不是在时间里，也不是在目的里，而是在运动的方式里，例如运动有时是凭快慢来分别的：速度相同的运动就是匀整的，速度不同就是不匀整的。

——《物理学》143 页

既然任何自然能运动或静止的事物，在自然的时间、地点不是在自然地运动着就是在自然地静止着，那么趋向静止的事物在它趋向静止的时候必然在运动着。因为，如果它不在运动着就会是静止着，但是正静止着的事物是不能同时又处于趋向静止的过程中的。

——《物理学》154 页

趋向静止的过程必然也是在时间中进行的。因为运动者是在时间里运动的，而趋向静止的事物被表明是在运动着的，因此趋向静止的过程必然在时间里进行。其次，我们是根据时间来说"快"和"慢"的，而趋向静止的过程是能有快和慢的。

——《物理学》154 页

趋向静止的事物在一个直接时间里趋向静止，必然在这个直接时间的任何一个部分里都有趋向静止的活动。因为，如果把这个时间分为两部分，如果在两个部分里都没有趋向静止的活动，那么在整个时间里就也没有趋向静止的活动，因此趋向静止的事物就不能是在趋向静止；而如果只在其中的一个部分里有趋向静止的活动，那么整个的时间就不是事物趋向静止所经过的直接时间了。

——《物理学》188 页

正如运动事物的运动所经的时间没有第一的部分那样，趋向静止的事物趋向静止所经的时间也没有第一的部分，因为运动过程和趋向静止的过程都没有一个第一的部分。

——《物理学》188 页

事物在自己趋向静止所经的直接时间的每一个部分里都在趋向静止。因此，既然趋向静止的过程所经的直接时间是一段时间，不是不可分的，任何一段时间都是无限可分的，因此事物趋向静止所经的时间是不能有第一部分的。

——《物理学》183 页

静止事物的静止所经过的第一瞬间也是没有的。因为静止的事物不能在不具有部分的时间里静止，因此在不可分的时间里不能有运动，静止能发生于其中的时间，运动必然也能发生于其中；因为我们曾经说过，当一个自然能运动的事物在按其自然应该在运动着的时间里不在运动着时，它就是静止着。

——《物理学》190 页

当一个事物的现在的状况和以前的状况没有改变时，我们也说它是静止着，因此判断事物是否静止着不能仅用一个限点而需要两个限点。因此事物在其中静止着的时间不能是没有部分的。

——《物理学》193 页

一切事物的静止和运动都是发生在时间里的，而时间，还有量，或者一般地说，一切连续事物，都没有第一部分，因为任何一个部分都是可以无限地加以再分的。

——《物理学》180 页

既然任何运动事物都是在时间里运动，并且从一事物处变到另一事物处，那么运动事物在时间里——指它的运动所经的直接时间，不是指包括直接时间在内的一个较长的时间——是不可能和某一固定的事物整个地相对着的。因为一个能运动的事物（无论是它自身整个的还是它的每一部分）如果经过一段时间之后还是在原处，它就是静止着而不是在运动着，因为，当我们说一个能运动的事物（无论是它本身整体还是它的各部分）在另一个"现在"里还是在原处是说得正确时，我们就说这个事物静止着。

——《物理学》190 页

我们一方面，说运动着的事物在"现在"里和某一固定不动的事物相对着不在运动是正确的，但另一方面，不能说它在一段时间里和静止着的事物相对着；否则就会有这样的事情出现了：一个正在位移着的事物静止着。

——《物理学》190 页

如果真的可能有那么一个时间没有任何事物在运动，情况必然有两种：或如阿那克萨戈拉所说，万物皆在一起并且无限期地静止着，后来努斯造成了它们的运动，并且把它们分离了开来；或者如恩培多克勒所说，运动和静止交替着出现——当爱使多合而为一时或者憎使一分裂为多时就是在发生运动，在合与分中间的时间里出现静止，他说过以下的几句话：

只要一总是由多合成，
多又反过来由一分解而发生，
万物就一定是产生得来的，其生命就不能永恒；
只要这种不断的交替永无止境，
就能永远有静止周期地出现。

须知，恩培多克勒所说的"这种不断的交替"我们必须理解为：反复地从一个运动过程转到另一个运动过程。

——《物理学》195 页

在每一个运动中运动着的必然是能运动的事物——例如在质变着的必然是能质变的事物，在发生位移的必然是能有位置变化的事物——因此，在燃烧之前必须先有能燃烧的事物，在引起燃烧之前必须先有能引起燃烧的事物。因此这些事物必然或者原来是不存在的，是在某个时候开始产生来的，或者是永恒的。

——《物理学》219 页

有些事物只能在一个方向上引起运动，有些事物在对立的两个方向上都能引起运动，例如火能引起热不能引起冷，而同一知识却被认为能作对立的两个方向上的推动者。不过在前一类事物里也可以看出有某种类似对立的两方向的作用，例如冷的事物以某种方式退走或与别的事物分离能使别的事物升高温度，正如一个有知识的人在反常的方向上使用自己的知识故意地造成错误一样。

——《物理学》219 页

以动物身上的现象来证明，动物体内原来没有运动，后来产生了运动。因为表面上原来似乎静止的动物以后在行走，虽然没有任何外来的事物推动它。但是这个说法是错误的。因为我们看到动物体内一直有一个器官在运动着，但是这个器官运动的原因不是动物本身，而（或许）是环境。

——《物理学》222 页

我们说一个动物自身推动自身运动，不是指所有的运动，只是指空间方面的运动。因而可能（或许宁可说必然）动物体的许多运动都是在环境的推动下产生的，其中有一些再引起心愿或欲望动作，心愿或欲望再推动整个动物运动。动物睡眠的情况正是这样的：这时动物体内虽然没有任何可以看得见的运动，但事实上是有某种运动的，所以动物才能从睡眠中醒过来。

——《物理学》225 页

主张所有的事物都静止，并在不顾感性知觉的情况下为这个主张寻求证明，这是智力贫弱的一种表现。并且，这个主张不是仅仅对这个特殊问题而是对整个自然哲学的非议，而且也不是仅仅和自然哲学家之间的分歧，而是对几乎所有的科学，甚至所有科学的所有见解的非议，因为它们全都和运动有密切的关系。

——《物理学》208 页

运动一般地被认为近乎产生和灭亡。因为事物变化之所趋向者（或目的处）是在产生，而变化之所起始者（或出发处）是在灭亡。因此显然，有些事物暂时地在运动着，有些事物暂时地静止着。

——《物理学》227 页

从对立之一方出发的运动和趋向对立之另一方的运动不对立（如从健康出发的运动与趋向疾病的运动不对立），它们是同一运动，虽然它们在概念上不同，宛如从健康出发的变化活动和趋向疾病的变化活动不同似的。

从对立之一方出发的运动和从对立之另一方出发的运动也不能算

是对立；因为运动从对立之一方出发也就是同时在趋向对立之另一方（或趋向间介），而趋向对立之一方的变化比起从对立之一方出发的变化来似乎更应该是对立运动的起因。

——《物理学》155 页

趋向对立两事物的两运动，以及从对立之一方趋向另一方的运动和与之方向相反的运动。趋向对立之一方的运动和从对立之另一方出发的运动也许是合一的，虽然也许在概念上不同（例如趋向健康的运动不同于从疾病出发的运动，以及从健康出发的运动不同于趋向疾病的运动）。

——《物理学》153 页

在凡是对立两方之间有间介的情况下，必须把趋向间介的运动看作是某种意义上的趋向对立方面的运动。因为，运动无论是从间介到对立两方之一还是从对立两方之一到间介，都是把间介当作对立之一方，例如在由灰的趋向白的运动中"由灰的"被当作"由黑的"，以及在由白的向灰的运动中"向灰的"作为"向黑的"，而在由黑的向灰的运动中"向灰的"被当作"向白的"，因为所谓间介，意思就是说，它在某种意义上和两极限分别地相对立。

——《物理学》156 页

认为只有两个运动的互相对立而没有两个静止的互相反对的想法是错误的：在对立的双方的静止是互相对立的，例如在健康中的静止与在疾病中的静止相对立。在健康中的静止对立于从健康趋向疾病的运动，因为，说它对立于人的疾病趋向健康的运动那是不正确的（因为趋向主体停留于其中者的运动宁可被说成是趋向静止的过程，而趋向主体停留于其中者的运动和趋向静止的过程是共在的），并且对立于"在健康中的静止"的必然不是从疾病到健康的运动就是从健康到疾病的运动，因为不可能是随便是什么，（例如）在白里的静止对立于在健康中的静止的。

——《物理学》163 页

动会静，静也会动，它们俩只要其一变成（异乎己的）其他，就会逼使其他变成与其本性相反者，而且有与其相反的性质。

——《泰阿泰德·智术之师》192 页

运动被认为是一种连续的东西，而首先出现在连续性中的概念是"无限"。

如果没有空间、虚空和时间，运动也就不存在。

离开了事物就没有运动，因为变化中的事物总是或为实体方面的，或为数量方面的，或为性质方面的，或为空间方面的变化。要找到一个能概括这些事物的共性，而又既非实体又非数量又非性质或其他任何一个范畴是不可能的。

存在有多少种，也就有多少种的运动和变化。

——《物理学》69 页

凡是变化的东西必然是由于某种原因才发生变化的，因为如果没有原因，就没有什么东西会变化。

——《蒂迈欧篇》，《古代希腊罗马哲学》207 页

整体与部分

部分是整个的部分。

一既是整个又具有部分，在每一情况里它就要是由部分组成的了。

——《巴曼尼德斯篇》122 页

属于全体的也就属于部分，属于部分的也就属于全体。

——《文艺对话集》207 页

一切部分都为整个所包围。

——《巴曼尼德斯篇》186 页

凡集体内之众单位的数岂不就是该体所含的诸部分。

凡有部分者是部分构成的。

物内的总数既等于物内诸部分集成的全体，物的一切部分便也等于物的总计。

——《泰阿泰德·智术之师》109 页

有部分的东西，其部分与部分之间不免有统一性，在此情况下的各部分之总和，或其所形成的整体，也就是一了。

——《泰阿泰德·智术之师》175 页

对立统一

凡一切事物的质性，其两极可含融于同一事物中而不能同时出现的——无论是它们的本身或其组成——被称为相反。一物不能同时是灰与白；所以灰与白的原色是"相反"的。

——《形而上学》96 页

任何事物都不能随便地互相影响，互相产生，除非是指因偶然而如此。事物消失时也不会变成别的纯偶然的事物。

——《物理学》158 页

凡没有自己的对立者的事物就不能有运动，只能有两相反对的、从它出发的变化和趋向它的变化。

——《物理学》158 页

对立不仅存在于运动和运动之间，而且还存在于运动和静止之间。

——《物理学》157 页

相反之事，大抵相生。善之与恶，公之与私，彼变而小者必先大而后小者也。弱先于强，迅又生于缓者也。恶生于善，公又生于私者也。

——《柏拉图五大对话集》84 页

无物自成一物，施受双方俱不独自成物，双方遇合而起知觉与知觉对象，于是施者成为含有某种性质之物，受者成为知觉者。

——《泰阿泰德·智术之师》74 页

物与我，施者与受者，无论存在或变为，必是彼此相对相关，必然律使物与我的存在即时即境彼此相羁束，不各束于他物，不各羁于自己，因此，物与我唯即时即境彼此相束相羁。

——《泰阿泰德·智术之师》49 页

一切相对。

——《泰阿泰德·智术之师》7 页

一般性的东西在理性上较为易知，个别的事物为感觉所较易知，因为理论阐述是和一般性发生关系的，而感觉是和个别的事物发生关系的，例如大和小就属于前一类，而稀和密则属于后一类。

——《物理学》31 页

凡没有自己的对立的事物就不能有运动，只能有两个相反对的从它出发的变化和趋向它的变化，例如，从存在出发的变化和趋向存在的变化。这样的事物也没有"停留"，但有"不变"。如果有某一定的事物的话，那么在它存在中的不变对立于它不存在中的不变；如果没有不存在这种东西，那么可能有人要问，存在中的不变和什么对立呢？以及，这个不变是不是静止呢？如果是的，那么，或者不是所有的静止都对立于运动，或者生与灭也是运动，二者只能择一。

——《物理学》158 页

有些质变是强制性的，有些是自然的，例如疾病在非转变期好转这就是不自然的质变，而在转变期好转就是自然的质变。联系到这一方面灭亡就能和灭亡互相对立，而不和产生互相对立。

——《物理学》139 页

运动和静止普遍地相对立：如向上的运动和向下的运动对立，在上的静止和在下的静止对立。这些是空间上的对立；火自然地向上位移，土自然地向下位移，它们的位移是对立的；火向上位移是自然的，向下位移是不自然的，并且，它的自然的位移一定对立于不自然的位移。

——《物理学》110 页

既然有些事物既有自然的运动又有不自然的运动，如火有自然地向上运动和不自然地向下运动，那么和火的向上运动相对立的是它的不自然地向下运动呢，还是土的向下运动呢（土是自然地向下运动的）？显然两者都是相对立的，但二者意义不同：一个是本性不同的事物间的自然对立；另一个，即火的向上运动和向下运动的对立则是"自然的"和"不自然的"之间的对立。土和火的停留的对立情况也同样如此；虽然另一方面有运动和静止在某种意义上互相反对。

——《物理学》161 页

即使最美的食物，如果是在人还不想吃的时候就给他摆上，也会觉得没有滋味，如果是在他吃饱的时候给他摆上，甚至还会令他讨厌。但如果是在人们饥饿的时候给人们什么，那么即使是比较粗粝的食物，也会觉得很可口了。

——《回忆苏格拉底》128 页

一桩东西对饥饿来说是好的，对热病来说可能就不好，对赛跑来说是美的东西，对摔跤来说往往可能是丑的。因为一切事物对它们所适合的东西来说都是既美而又好的，对于它们不适合的东西则是既丑而又不好的。

——《回忆苏格拉底》114 页

如果某人明确地了解到一种相对的事物，他自然也明确地了解到

古希腊三哲人名言录 071

同他相对的事物。

——《工具论》29 页

对立面都不能没有面，没有可笑的事物，严肃的事物就不可理解，一个人可以理解到这两个方面，但是如果他多少在行德行，就不能在行动上同时感到严肃可笑。正由于这个道理，他应该学会懂得这两方面，以免在无知中做出不合适的可笑的事，或是说出不合适的可笑的话。

——《文艺对话集》312 页

概　念

证明基本性质和证明某种联系的事实是不一样的。定义是揭示基本性质的，证明则揭示某一已知属性附着于或不附着于某一已知主体。不同的事物需要有不同的证明——除非某一证明与另一证明的关系是部分和整体的关系。

——《工具论》226 页

定义之所以为人所重，就在于它必有所指明，由名词组成的公式将所解释的事物划出了界限。

——《形而上学》80 页

当事物虽然具有共同名称，然而与其名称相应的定义（相当于现代逻辑中的下定义概念）彼此各异时，便认为是"同名异义"的。

——《工具论》10 页

数量的最显著的标志：可以用等于和不等于来加断言。

——《工具论》23 页

口语是心灵的符号，书面语言是口语的符号。正如任何人没有相同的书法形式一样，任何人也没有相同的说话声音，但是它们所直接代表的心灵的经验，对于所有的人来说却是相同的，正如我们的经验所反映的那些事物都是相同的一样。

——《工具论》65 页

定义一定是原始的前提或某一证明的结论。

定义——即那些不被表明为任何东西存在或不存在的陈述——不是假设，但一门科学的假设被包含在它的前提中。

定义只要求被了解。

——《工具论》173 页

所谓名词，我们是意指依据惯例的一种有意义的声音。它同时间无关，而且它的任何一部分要是离开了其他部分就没有意义了。

一个动词除了它本身的意义外，还带有时间概念。动词的任何部分都没有独立的意义。动词是论及某一事物时，某事物的一种记号。

——《工具论》56 页

句子是语言的一个有意义的部分，它的某些部分具有独立的意义，也就是说，它尽管不是作为任何肯定判断的表达，但足以作为某种有意义的发言。

每个句子都有其意义，这并非由于它是身体的某一机能借以实现的自然手段。

——《工具论》58 页

主语和谓语的相对位置的转换并不影响肯定命题和否定命题的意义。

——《工具论》72 页

全称的命题是从特称的命题推得的。

——《工具论》81 页

推理与反驳

在每一三段论中，都必须有一个全称的前提，而且只有当所有前提均为全称时，一个全称的陈述才能得到证明。一个特称的陈述既可以在两个全称前提中推得，也可以在只有一个前提为全部时推得。因此，如果结论是全称时，则两个前提也必须是全称的，但当两个前提均为全称时，结论仍可能不是全称的。也很明显：在每一三段论中，两个前提或其中之一——必须同结论相似。

——《工具论》113—114 页

在三段论中必须有一个前提是肯定的，而且一定要有全称的前提，除非前提之一为全称，否则或者不能建立三段论，或者它会同所提的主题无关，或者原有观点会被看作是未经证明的假定。

——《工具论》113 页

用未经证明的假定去论证，是对于证明所提出的问题的一种失败。证明是根据较为确定的和在先的知识进行的。

——《工具论》132 页

任何一门科学的定理都不能借其他科学予以证明，除非这些定理发生下级同上级这样的关系。

——《工具论》173 页

无知——不被解释为知识的否定，而解释为心的积极状态——是因推论而产生的错误。

——《工具论》186 页

证明从普遍发展，归纳从特殊发展。

——《工具论》191 页

不首先讨论证明就进行讨论和反驳，这是十分荒谬的；因为反驳就是一种证明，因为一个这种样子的反驳只不过是一个对一个论题矛盾命题的表面证明。

反驳则是对含有已定结论的矛盾命题的推理。

一个反驳就是一个对于矛盾命题的证明。

——《亚里士多德形式逻辑言论选编》92 页

前提就是以某事物肯定于或否定于另一事物的一个句子。它或者是全称的，或者是特称的，或者是不定的。

——《工具论》92 页

前提之所以真实，是因为那些不存在的东西不能被认识。前提必须是原始的和不用证明的，否则它们就需要证明才能认识。

前提必须是结论的原因，比结论被知道得更清楚，并且先于结论而存在。

——《工具论》170 页

结论必须从必然的前提推得。

——《工具论》170 页

我们必须借助归纳法去获悉原始的前提，因为感官知觉借以牢固树立普遍的方法是归纳的。

——《工具论》256 页

归纳是更有说服力和清楚的，它更易于利用感官去学习，而且一般地对人民是可使用的。

——《工具论》277 页

我们的计划是要发现推理的某种才能，也就是根据实际存在的、被普遍地承认的前提，对当前的任何论题进行推理的才能。这就是讨论的技巧(论辩术)和审察的技巧(检查法)的主要内容。

——《工具论》295 页

推理和反驳二者有时是真的，有时却不是，尽管缺乏经验的人会把它误认为真。……推理总是建立在某些叙述之上，这些叙述必然借助已经叙述的事情，以包括所述事物以外的其他事物的断言；反驳则是包含已知结论的矛盾命题的推理。

——《工具论》292 页

如果要推翻一种见解，你就要问，如果这见解是正确的，就可推出另有什么必是正确的，因为如果你能证明从这见解所推出的结论是不正确的，你就摧毁了这见解。

——《亚里士多德形式逻辑言论选编》95 页

对于不同对手不宜用同样的辩难方法。有些人需要与之讲理，有些人只能予以强迫。因为有些人接受辩论，旨在贯通自己的思想，所以只要将困惑各点予以启发，引导他逐步进入明显的地方，他就会豁然开朗，治愈了他的愚昧。然而对于那些仰仗着言语与名词，专门为辩论而辩论的人，除了否定他的辩论，就没法为他诊治了。

——《形而上学》71 页

诡辩的技术乃是一种凭外表的智慧来搞钱的技术，而且这就是他们的目标仅仅在于一种外表的论证的原因，……同一个论证将既是诡辩的，也是争论的，但并不是从同一观点上看的，如果其目的在求得表面的胜利的话，勿宁说它是争论的。如果其目的在于显露于外表的智慧，它就是诡辩的。因为诡辩的技术乃是一种智慧的假象，并不表现真正的智慧。

——《亚里士多德形式逻辑言论选编》96 页

那种从证明的特殊事件来看一般原理的人，就是辩证家，而那种仅仅在表面上这样做的人就是诡辩家。

——《亚里士多德形式逻辑言论选编》97 页

有些东西互为原理，例如锻炼好使得身体好，身体好也使得锻炼好。不过，它们不是同一种原因：一是目的，一是运动变化的根源。

——《物理学》50 页

自　然

凡是存在的事物有的是由于自然而存在，有的则是由于别的原因而存在。"由于自然"而存在的有动物及其各部分、植物，还有简单的物体(土、火、气、水)，因为这些事物以及诸如此类的事物，我们说它们的存在是由于自然的。所有上述事物都明显地和那些不是自然构成的事物有分别。

——《物理学》43 页

一切自然事物都明显地在自身内有一个运动和静止(有的是空间方面的，有的是量的增减方面的，有的是性质变化方面的)的根源。反之，床、衣服或其他诸如此类的事物，在它们各自的名称规定范围内，即在它们是技术制品范围内而言，都没有这样一个内在的变化的冲动力。但是如果它们碰巧是由石头或土或这两者的混合物构成的，那么在构成时就是原来这些材料中偶然地得到了这种内在的变化的冲动力。

——《物理学》43 页

"自然"是它原属的事物因本性(不是因偶性)而运动和静止的根源或原因。我之所以说"不是因偶性"，因为(譬如说)一个是医生的人可能是他自己恢复健康的原因。但他毕竟不是在自己有病毒的时候才有医术的，医生和病人是同一个人这是偶然的。也正因为这个缘故，这两者经常是分离的。所有其他的人工产物的情况也是这样。没有一个人工产物本身内含有制作它自己的根源。虽然人工产物(例如房屋和其他一切手工产物)的根源存在于该事物以外的别的事物内，但有一些人工产物自身内有这种根源，不过那不是因本性而如此的，只是由于偶性才成为该事物的原因的。

——《物理学》51 页

"按照自然"这一用语对于自然物，以及对于它们因本性而有的各种表现都是可用的。例如火向上运动，这不是"自然"，也不是"具有自然"，而是"由于自然"或"按照自然"。

——《物理学》49 页

在自然产生的事物里自发和偶然分别得最清楚，因为，如果一个事物的产生违反自然，我们不说它是由于偶然而产生的，而宁可说它是自发产生的。还有一个分别，即，自发的原因是外在的，偶然性的原因是内在的。

——《物理学》59 页

什么是"自然"，什么是"由于自然"而存在的事物，什么是"按照自然"，……要想证明自然这东西的存在是幼稚可笑的。因为明摆着有许多这类的事物实际存在着，反而想用不明白的来证明已明白的，表明这种人不能辨别自明的东西和不自明的东西（这种精神状态显然是可能的，一个生而盲目的人会去向人解释各种颜色。这种人在说出这些名词的时候，想必是没有任何相应的思想的）。

——《物理学》44 页

有些人认为自然，或者说自然物的实体，就是该事物自身的尚未形成结构的直接材料。例如，说木头就是床的"自然"，铜就是塑像的"自然"那样。例如安提丰说，如果种下一张床，即腐烂的木头能长出幼芽来的话，结果长出来的不是一张床而会是一棵树。——他这话的用意是要说明，根据技术规则形成的结构仅属于偶性，而真实的自然则是在这制作过程中始终存在的那个东西。但如果这事物的质料和别的一些事物也有同样的这种关系的话，例如铜、金和水的关系，骨头、木头和土的关系等等，那么水、土等就又是铜、木头等的自然或本质了。

——《物理学》57 页

有些人主张存在物的"自然"是土，有人主张是火，有人主张是气，有人主张是水，有人主张是其中的几个，有人主张是这四种元素的全部。他们无论把哪一个或哪些个元素理解为这样的东西，他们都主张这个或这些个元素就是实体的全部，而别的一切都只不过是它们的影响、状况或者排列而已；他们还主张它们都是永恒的（因为它们不会有丧失自己本性的变化），而别的事物则无休止地产生着灭亡着。

——《物理学》59 页

关于自然的一种解释为第一个自身内具有运动变化根源的事物所具有的直接基础质料；另一种解释说："自然"是事物的定义所规定的它的形状或形式。因为"自然"这个词用于按照自然运动变化的事物或自然事物，就像"技术"用于按照技术的事物或技术的产品一样。

——《物理学》63 页

如果一事物仅仅潜在地是一张床，还没有床的形式，我们就不会说这事物有什么是按照技术的，也不会说它是技术的产品，自然产物的道理也是如此。还只潜在地是肉或骨的东西，在它取得定义中指出的形式以前——在界定什么是肉或骨时就会说到它们的形式——就还没有它自己的自然，也不能说它们是"由于自然"而存在。

——《物理学》45 页

根据"自然"的第二种解释应该说：自然乃是自身内具有运动根源的事物的（除了在定义中，不能同事物本身分离的）形状或形式。由质料和形式合成的事物，如人，就不是"自然"，而是"由于自然"而存在的事物。质料和形式比较起来，还是把形式作为"自然"比较恰当，因为任何事物都是在已经实际存在了时才被说成是该事物的，而不是在尚潜在着时就说它是该事物的。

——《物理学》45 页

我们说人由人产生，但床却不由床产生。正因为这个缘故，所以都认为床的自然不是它的图形而是木头。因为如果床能生枝长叶的话，长出来的不会是床而会是木头。因此，如果说技术物的图形是技术，那么对应地说，自然物（如人）的形状也是"自然"，因为人由人产生。

——《物理学》48 页

自然的第三种解释把自然说成是产生的同义词，因而它是产生自然的过程。这个意义上的自然不像医病。医病不是产生医术而是产生健康，因为医疗过程必然从医术出发而不产生医术；两种不同含义的"自然"相互间的关系不是这样：产生事物的产生过程是由一种事物长成另一种事物的。那么它长成什么事物呢？不是长成那个长出它的事物而是长成那个它要长成的事物。那么形式就是"自然"。但形式和自然一样也是有不同含义的，因为缺失也是某种意义上的形式。

——《物理学》55 页

既然自然有多义——形式和质料——那么，我们研究自然物就必须像研究什么是塌鼻子一样。那就是说，自然物的定义既不能脱离质料，也不能仅由质料组成。

——《物理学》47 页

阅读古代学者的著作时使人感觉到，自然哲学家似乎只是同质料发生关系。如，恩培多克勒和德谟克利特关于事物的形式亦即本质谈得少得可怜。但是，若技术模仿自然，又如认识形式和认识质料是同一个课题，直至像医生要知道健康状况，就也要知道健康状况所依存的胆液和黏液；建筑工人要知道房屋的图形，也要知道原材料：砖石和屋梁一样。那么看来自然学的课题应包括认识形式和质料这两种意义上的自然。

——《物理学》64 页

人 生 篇

认识自己

不要不认识自己，不要犯大多数人所犯的错误，因为尽管许多人急于察看别人的事情，对于他们自己的事情却不肯加以仔细地察看，因此不要忽略这件事情，要努力更多注意到你自己。

——《回忆苏格拉底》112 页

人们由于认识了自己，就会获得很多的好处，而由于自我欺骗，就要遭受很多的祸患。因为那些认识自己的人，知道什么事对于自己合适，并且能够分辨自己能够做什么，不能做什么……那些不认识自己，对于自己的才能有错识估计的人，对于别的人和别的人的事务也就会有同样的情况……由于他们对这一切都没有正确的认识，他们就不但得不到幸福，反而要陷于祸患。但那些知道自己在做什么的人，就会在他们所做的事上获得成功，受到人们的赞扬和尊敬……但那些不知道自己在做什么的人们，他们选择错误，所尝试的事尽归失败，不仅在他们自己的事务中遭受失败和责难，而且还因此名誉扫地，遭人嘲笑，过一种受人蔑视和揶揄的生活。

——《回忆苏格拉底》150 页

虚伪是人们中间常有的事。

——《回忆苏格拉底》145 页

青年人而欲出身任事，当以优美与和谐为其永久之方针。

人不当以外观为事，须有道德之实际，而后饰之以优美之言辞动作。

——《理想国》卷 2，25 页

理　　想

雄心壮志是鼓舞人创立丰功伟业的最大刺激剂。

——《回忆苏格拉底》92 页

自愿的人在忍受苦楚的时候，受到美好希望的鼓舞，就如打猎的人能欢欣愉快地忍受劳累。

——《回忆苏格拉底》46 页

理想的模范究能完全实现否，未可论定也。但既称理想，非即谓凡真能实现者，皆不若此理想之完备，幸能大足相似已足矣。

——《理想国》卷 3，51 页

勇　　敢

凶猛总是低于一着，得胜的应该是高尚雄强的心怀，只有真正勇毅的人们才能正视危难而毫不畏缩。

——《政治学》414 页

那些知道怎样应付可怕和危险情况的人就是勇敢的人。

——《回忆苏格拉底》180 页

懦怯者向安全之事而趋，勇敢者向危险之事而趋。

勇敢之人既不为可耻之恐惧，亦不复为可耻之莽撞。

——《柏拉图对话集六种》294 页

节 制

人能以理由之故而自抑其怒，受理由之指导，确知当惧与不当惧，斯为真勇敢、真胆量。

——《理想国》102 页

所有既智慧而又能自制的人，都是宁愿尽可能做对他最有益的事情。

——《回忆苏格拉底》117 页

智慧就是最大的善，不能自制的人就使智慧和人远离，并驱使人走向其相反的方向。

——《回忆苏格拉底》171 页

不能自制就不能忍饥耐渴，克制情欲，忍受瞌睡，而这一切正是吃、喝、休息、睡眠之所以有乐趣的原因。在经过了一段期待和克制之后，这些事才能给人以最大的快乐；而不能节制则恰恰阻碍了人们对于这种值得称道的最必要和最经常的乐趣的享受……唯有节制才能使人享受这些值得称道的快乐。

——《回忆苏格拉底》172 页

只有能自制的人才重视实际生活中最美好的事情，对事物进行甄别，并且通过言语和行为，选择好的，避免坏的。

——《回忆苏格拉底》173 页

勇毅和坚忍为繁忙活动所需的品德，智慧为闲暇活动所需的品德，节制和正义则在战争与和平时代以及繁忙和闲暇中两皆需要……至于那些遭遇特别良好而为人所钦羡的快乐的人们，自然须有更高度的正义和节制，他们既生于安逸丰饶的环境中，闲暇愈多，也就愈要智慧、节制和正义。

——《政治学》393 页

过度与不及均足以败坏德行。……唯适度可以保全之。

——《尼可马可伦理学》，《西方伦理学名著选辑》293 页

节制的要点是一方面要服从保卫者的统治，一方面能统治饮食之类的感官欲。

——《文艺对话集》41 页

关于信实，让我们叫那遵守中道的人为信实的人……关于娱乐方面的愉快，遵守中道的人叫作诙谐的人……关于日常生活其他方面的愉快，相当和善的人可以叫作友爱的人，过于和善的人可以叫作柔顺的人，如果有心图谋自利，就是一个谄媚的人……羞耻并不是一种德性，但知耻的人就应受到称赞。

——《尼可马可伦理学》，《西方伦理学名著选辑》300 页

言　论

无论是谁，我们应该向他像咒语一样说这样一种夸奖他的话，使听的人觉得那向他说夸奖话的人并不是在讥笑他，因为一个人如果自己是个矮小、丑陋、软弱的人，你倒夸他是高大、俊美、强壮，这只能使他把你当作仇敌。

——《回忆苏格拉底》66 页

在判断一言一行是好是坏的时候，不但要看言行本身是善是恶，而且要看言者、行者为谁，对象是谁，时间为何时，方式有何种，动机是什么。

——《诗学》94 页

声音可以表白悲欢。

——《政治学》8 页

盖凡人体质上之快乐愈减，谈话上之快乐愈增。

——《理想国》卷 2，6 页

金玉良言，当一唱三叹。

——《高尔吉亚》，《西方伦理学名著选辑》206 页

凡挟妒与包藏祸心向你们宣传的人，或本身受宣传而宣传，这些人最难对付。

——《游叙弗伦·苏格拉底的申辩》52 页

行　为

人们如欲有所作为，必须注意两项标的——可能标的和适当标的。人们努力以赴各自的标的，尤应注意这些标的可能性和适当性，确实与人的情况相符合。

——《政治学》433 页

我当初在危险中绝不想做出卑躬屈膝的奴才相……我宁愿因那样的措辞而死，不愿以失节的言行而苟活。

逃死不难，逃罪恶却难得多。

——《游叙弗伦·苏格拉底的申辩》77 页

人们能够有所造诣于优良生活者一定具有三项善：外物诸善，躯体诸善，灵魂诸善。

——《政治学》340 页

你们以为杀人能禁人指摘你们生平的过失，可是错了。这种止谤的方法绝对不可能，又不光彩，最光彩、最容易的不在于禁止，却在于自己尽量做好事。

——《游叙弗伦·苏格拉底的申辩》78 页

坏人总是为害与之接近的人，好人总是使同群者受益。

——《游叙弗伦·苏格拉底的申辩》61 页

如果一个人肯侍候另一个人，目的是在得到这另一个人帮助自己在学问或道德方面进步，这种自愿的卑躬屈节并不卑鄙，也不能指为谄媚。

——《文艺对话集》230 页

愚昧不如聪慧，怯懦不如勇敢，木讷不如雄辩，迟钝不如敏捷。

——《文艺对话集》108 页

每个人只能做好一件事：不能同时做好许多事，如果他想做好许多事，就会哪一件都做不好。

——《文艺对话集》51 页

好人无论生前死后，都不至于受亏，神总是关怀他。

——《游叙弗伦·苏格拉底的申辩·克力同》80 页

如果你通过为人服务，就会发现谁肯为你服务；通过你施惠于人，就会发现谁肯施惠于你；通过你征求意见，就会发现谁是聪明人。

——《回忆苏格拉底》31 页

人人都爱自己，而自爱出于天赋……自私固然应该受到谴责，但所谴责的不是自爱的本性而是那超过限度的私意。

——《政治学》55 页

人类所求的，总是人能求得的东西。

——《尼可马可伦理学》，《西方伦理学名著选辑》286 页

我们之所以忙忙碌碌，正因为为了能够有闲暇，从事战争正是为了要和平度日。

——《尼可马可伦理学》，《古希腊罗马哲学》327 页

小节的怠忽往往逐渐积习成后患，终至酿成大变。

——《政治学》240 页

人能明事物之故而后不为事物所惑。

——《形而上学》6 页

找一个不负责任的事是不容易的，无论一个人做什么，想不犯错误是很难的，即使是不犯错误，想避免不公正的批评也是很难的。

——《回忆苏格拉底》79 页

不完成目的的活动就不是实践。实践是包括了完成目的在内的活动。

——《形而上学》178 页

如果你在什么事上希望人家认你为好，你就应努力在那桩事上真正是好，这才是最敏捷、最安全、最美好的办法，任何人间所称为美德的东西，经过一番考虑，你就会看出，都是可以通过学习和实践来增进的。

——《回忆苏格拉底》73 页

在本性上孤独的人物往往成为好战的人，他那离群的情况就恰恰像棋局中的一个闲子。

——《政治学》8 页

国家与个人得享极端之自由者，终必降至极端奴隶之境。

——《理想国》卷 4，9 页

人们的生活思想往往趋于两极，或自甘俭朴；或流于豪奢。

——《政治学》357 页

名　利

一个人不应该受名誉、金钱和地位的诱惑，去忽视正义和其他德行。

——《文艺对话集》89 页

能够一无所有才是像神仙一样，所需求的愈少也就会愈接近于神仙；神性就是完善，愈接近于神性也就是愈接近于完善。

——《回忆苏格拉底》36 页

凡好名好利的人，必智识与理想力为其引道；方能得真确之快乐。既有如是之引导，则名利与智识各部，能各得其宜，各尽其事，而最高最真之快乐自能不求而自至。

——《理想国》卷 5，33 页

凡荣誉之有益于其人格者，彼亦乐受之，凡彼以为有害于其人格者，则不论在公在私，——概屏绝。

——《理想国》卷 5，34 页

关于荣誉和耻辱，其适度是适当的自豪，其过度，可以叫作虚荣，不及则可作卑贱。

——《尼可马可伦理学》，《西方伦理学名著选辑》299 页

人们在处理财富上表现过弱（吝啬）或过强（纵滥）的精神却都是不适宜的。这里唯有既素朴而宽裕，才是合适的品性。

——《政治学》64 页

彼夫好名与嗜利之徒，人皆视为足道。

——《理想国》卷 1，40 页

习　惯

积习变更天赋。人生的某些品质，及其长成，日夕熏染，或习于向善，或惯常从恶。

——《政治学》385 页

任何卑鄙的见闻都可能养成不良的恶习。

——《政治学》403 页

习与性成，始为摹仿，继为习惯，虽欲去之而不可得矣。

——《理想国》卷 2，15 页

同样的行为，产生同样的习惯或性格。

不同的行为产生不同的性格，一个人自幼受的训练，与人如有不同，那么后来所形成的差别便会更大。

——《尼可马可伦理学》，《西方伦理学名著选辑》292 页

人因坏习气而起相应的恶念，好习气能起相应的善念。

——《泰阿泰德·智术之师》57 页

习惯之与状况不同在于：后者是短暂的，而前者是永久的，难以改变的。

习惯同时也是状况，但状况不一定也是习惯。

——《工具论》30 页

人民的情绪并不是在一夕之间完全改变的，革命胜利的初期，主政者已占取了敌对者的上风，就心满意足，许多事情让它们顺从旧章。

——《政治学》193 页

与善人游兮，乃得习善，与恶人交兮，必将丧汝已有之智。

——《柏拉图对话集六种》361 页

公 道

公道之人适为明哲而善者，而不公道之人适为恶而无识者。

公道为善德，为智慧；而不公道为恶德，为愚蠢。

——《理想国》卷 1，50 页

有公道心之人，自然天君泰然，终吾生以愉快，而不公道之人适与此相反。

——《理想国》卷 1，58 页

公道者不愿得利益较多于其同类，而当多于其异类；不公道者既须所得较多其异类，且亦较多于其同类。

——《理想国》卷 1，46 页

公道者无他，即强者之利益耳。

——《理想国》卷 1，24 页

苟其物有用，则公道无用，公道有用，则其物无用。

——《理想国》卷 1，14 页

恶人海安乐，善人多困苦，公道即损失之谓，不公道为谋利之谓。

——《理想国》卷 2，9 页

公道之人能以其公道使他人不公道。

——《理想国》卷 1，19 页

以善报公道之人，以恶报不公道之人。

——《理想国》卷 1，17 页

以不公道每启争端公道能调和而联络之。

——《理想国》卷 1，52 页

治 学 篇

为学之路

我一无所有，区区能止于抛砖引玉，平实地向有智慧领教其言论。

——《泰阿泰德·智术之师》50 页

每件器具的制造者之所以对于它的好坏有正确见解，是由于他请教于有知识者，不得不听那位有知识者的话，而那位有知识者正是那件器具的应用者。

——《文艺对话集》78 页

以不知为不知，不以所不知为知。

——《游叙弗伦·苏格拉底的申辩》56 页

人当以哲学为重要之学业。

——《理想国》卷 4，48 页

思想力为各种之源泉也。

他种之智识，终其位置终不能如彼之高。

——《理想国》卷 4，37 页

思想要是纯粹为了思想而思想，只自限于它本身而不外向于它物，方才是更高级的思想活动。

——《政治学》357 页

思想是最虔敬的事物，然而若欲问思想如何安排，方能成其虔敬，这就引起多少疑难。因为人心若无所思，则与入睡何异，也就无从受到尊敬。

——《形而上学》254 页

人们为了造屋而后有建筑术，为了要进行理论才有理论学术，并不是为了理论学术，大家来进行理论，若说有这样进行理论的，那必是学生在练习理论的能力，这些只在有限度的意义谓之理论，学生们对那些本无进行理论的必要。

——《形而上学》182 页

好艺人易和诗人犯同样的错误，因为有一技之长，个个自以为一切都通，在其他绝大事业上并居上智，这种错见反而掩盖了他们固有的智慧。

——《游叙弗伦·苏格拉底的申辩》57 页

我秉神命出访时，发现名最高的人几乎最缺乏智慧，其他名较低的人都较近于学识。

——《游叙弗伦·苏格拉底的申辩》56 页

科学的知识不可能借知觉的活动建立。

——《工具论》211 页

求知是人类的本性。

——《形而上学》1 页

没有建筑过的人不能称为建筑师，从未弹过琴的人不可能称为琴师，……其他学艺亦是如此。

——《形而上学》182 页

虚心一志，求真知，发至理。

——《柏拉图五大对话集》76 页

借论证而传授或接受的一切教导均赖先有的知识进行。

——《工具论》156 页

我们受益于前人，不但应该感谢那些与我们观点相合的人，对那些较浮泛的思想家，也不要忘记他们的好处，因为他们的片言剩语，却正是人们思绪的先启，这于后世已有所贡献了。

——《形而上学》32 页

举世不外两批人：一批为己、为众生、为事业，求君求师，另一批自以为作君师。

——《泰阿泰德·智术之师》61 页

彼有所知者，亦当知其所以然否。

——《柏拉图五大对话集》98 页

购取学识较诸购取食品，所冒危险为更多。……于学识之购买，则不能盛以器皿而持去，势必于付价以后，立即接纳之于心灵，退而非大多益即大有害，是以此事应慎重考虑，求助于年老者，以吾辈年事尚轻，未足以决断如此之事也。

——《柏拉图对话集六种》222 页

小有成胜于大不就。

——《泰阿泰德·智术之师》82 页

人和人之间都同样天生就有所不同，而且也都可以通过勤奋努力而得到很多改进。无论是天资比较聪明的人或是天资比较鲁钝的人，如果他们决心要得到值得称道的成就，都必须勤学苦练才行。

——《回忆苏格拉底》116 页

凡愿解惑的人宜先好好地怀疑；由怀疑而发为思考，这引向问题的解答。人们若不见有"结"，也无从进而解脱那"结"。但思想的困难正是问题的症结所在；我们在思想上感到不通，就像被锁链缚住了；捆结着的思想，也像缚住了的人，难再前进。所以我们应将疑难预为估量；因为欲作研究而不先提出疑难，正像要想旅行而不知向何处去的人一样。

——《形而上学》37 页

人苟不与闻他事，专司一与其性情相近之事，而与正当之时为之，则其所产必较优而较多。

——《理想国》卷 1，77 页

在所有的事上，凡受到尊敬和赞扬的人都是那些知识最广博的人，而那受人谴责和轻视的人都是那些最无知识的人。

——《回忆苏格拉底》109 页

知识者，回忆而已。其必前有学习之时，而今得回忆之，又从可知矣。

人之回忆，必先有所知。

回忆，即一切久久遗忘忽略之事，而再得之之步骤也。

——《柏拉图五大对话集》90—91 页

一切研究，一切学习，都只不过是回忆罢了。

——《美诺篇》，《古希腊罗马哲学》191 页

知识·学术·研究

大众修学的程序，宜必如此——经由个别的感觉经验所易识的小节进向在本性上难知的通理。如同我们的行事应始于个别之小善，而后进于所有个别尽为称善的绝对之大善，我们的研究当始于各自所能知，而后进求自然之深密。这里于某些人们所能知而且认为是基本的道理，世人往往不易尽晓，而且其中也往往颇不切于实际。但我们必须在这些不甚了了的知识中，各就其少有所知以为始，进而试求那宇宙绝对不易之大义。

——《形而上学》128 页

科学的知识和它的对象与意见和意见的对象之不同，在于科学是共同普遍的，是借必然的联系进行，又在于那必然的事物不可能是别的样子。

——《工具论》215 页

有一门自然学术显然与实用之学及制造之学两皆不同，以生产知

识而论，动变之源在生产者，不在所产物，这动变之源就是艺术或其他职能。相似地，于实用之学而论，动变之源在有所作为之人，不在所做之事。但自然哲学所研究之事物类皆自身具有动变原理，所以自然学术既非实用，亦不从事制造，这就成为一门理论学术。

——《形而上学》221 页

各门学术就只管各自的主题——研究健康的就将事物可作为健康论的那部分为之研究，研究人的就将事物之可作为人论的那部分为之研究。

——《形而上学》264 页

就其范围来说，某一门科学是某一个类的科学；也就是说，一切主体由类的原始实体（整个主体的各部分）以及它们的基本特性构成。

——《工具论》1210 页

不但事物之属于一名称者其研究应归之一门学术，凡事物之涉及一性质者亦可归之一门。性质相通的事物名称当相通。那么，这就明白了，研究事物之所以成为事物者也该是学术工作的一门。——学术总是在寻求事物所依据的基本性质，事物也凭这些基本性质提取它们的名词。

——《形而上学》56 页

古往今来人们开始哲理探索，都应起源于对自然万物的惊异，他们先是惊异于种种迷惑的现象，逐渐积累一点一滴的解释。一个有所迷惑与惊异的人，每自愧愚蠢；他们探索哲理只是为想脱出愚蠢；显然他们为求知而从事学术，并无任何实用的目的。

——《形而上学》5 页

如果一种研究的对象具有本原、原因或元素，只有认识了这些本原、原因和元素，才是知道了或者了解了这门科学——因为我们只有在认识了它的本因、本原，直至元素时，我们才认为是了解了这一事物了——那么，显然，在自然的研究中，首要的课题也必须是确定其本原。

——《物理学》15 页

研究自然的学术，相同于其他诸学术，这必须立有某些典范（规准），俾学者（听众）于所闻的叙述，无论其为真为伪，都能凭这些典范予以判断。

——《动物志》12 页

每一门有系统的学术，最卑下的和最高尚的学术一律都显见有两样娴习的方式，其一可称之为有关实事实物的知识（实用知识），而另一则为可把那一门学术施之于教授的知识（理论知识）。在学术已有造诣的人对于一位作者的议，该能确当地判断其方式之或为优良或为低劣。凡既学有所成，确乎就该具备这种判断，即便是博学综赅的人，我们所以称他为博学，也就在他具有这种能力。……所云博学而能综赅者，应是指他一个人的知识是可判明几门或所有各门学术，不是指任何仅辨认某些专门事物的人，然而一个人却总是可能只于某一门学术有所判断，不能通达一切学术。

——《动物志》12 页

数学能发达人之脑力，并使人不得研究抽象的数目。

几何能令人洞见真理，故于人身心有裨益。

——《理想国》卷 4，22 页

演说与语言

一个充满感情的演说者，常常使听众和他一起感动，哪怕他所说的什么内容也没有。

如果一个演说家使用了和某种特殊气质相适应的语言，他就会再现出这一相应的性格来。

——《修辞学》，《西方文论选》（上），93 页

做一次演说有三点必须加以研究：第一，产生说服力的方法；第二，风格，或者使用的语言；第三，各个部分之间妥当的安排。……这就是演说家所应当记在心里的三件事——音量、音高和节奏。

——《修辞学》，《西方文论选》（上），88 页

不同阶级的人，不同气质的人都会有他们自己的不同的表达方式。

——《修辞学》，《西方文论选》（上），93 页

我们所借以认识生活的一切事物，都是通过语言学来的；我们所学得其他一些有用的知识，也都是通过语言学得的，最好的教师是最会运用语言的人，懂得最重要道理的人都是最会讲话的人。

——《回忆苏格拉底》92 页

语言表现了情绪和性格，而又切题，那么你的语言就是妥帖恰当的。所谓"切题"，那就是说，既不要把重大的事说得很随便，也不要把琐碎的小事说得冠冕堂皇。对于一些平凡普通的名词，不应加上一些漂亮的修饰语，否则就会显得滑稽。

在表现情感方面，谈到暴行的，你要用愤怒的口吻；谈到不虔诚或肮脏的行为时，你要用不高兴和慎重的口吻；对于喜事，要用欢乐的口吻；对于可悲的事，要用哀伤的口吻。

——《修辞学》，《西方文论选》（上），92 页

人天生都喜欢轻而易举地把握新的思想。语言是表现思想的，能够使我们把握新的思想的语言，是我们所喜欢的语言。陌生的词汇使我们困恼，不易理解；平常的词汇又不外是老生常谈，不能增加新的东西；而隐喻却可以使我们最好地获得某些新鲜的东西。

——《修辞学》，《西方文论选》（上），94 页

语言的准确性，是优良的风格的基础。

——《修辞学》，《西方文论选》（上），91 页

优良的风格必须清楚明白，因为事实说明，演说者的意义如果不能晓畅地传达出来，它就不能完成任务。其次，风格还必须妥帖恰当，粗俗和过分的文雅都必须避免——为了要做到清楚明白，在选用词汇的时候，应选用那些通行的、日常的词汇。

——《修辞学》，《西方文论选》（上），90 页

风格的美在于明晰而不流于平淡。最明晰的风格是由普遍字造成的，但平淡无奇。使用风格显得高雅而不平凡。

这些字（奇字和普通字）应混合使用，借用字、隐喻字、装饰字以及其他种类的字，可以使风格不致流于平凡与平淡。

——《诗学》77 页

善于使用隐喻字表示有天才，因为要想出一个好的隐喻字，需能

看出事物的相似之点。

——《诗学》81 页

修　辞

一般说来，修辞术是用文辞来影响人心的，不仅在法庭和其他公共集会场所；而且，在私人会谈里也是如此，讨论的问题或大或小，都是一样；无论题材重不重要，修辞术只要运用得正确，都是可以尊敬的。

——《文艺对话集》144 页

在修辞方面若要做到完美，也就像在其他方面做到完美一样，或许——毋宁说，必然——要有三个条件：第一是天生来就有语文的天才；其次是知识；第三是练习，你才可以成为出色的修辞家。这三个条件如果缺少一个，你就不能做到完美。

——《文艺对话集》159 页

若是一个人按修辞术来争辩是非，他可以把同一件事对同一批人时而说得像是，时而说得像非，他爱怎样说就怎样说……若是政治演说，他会把同一个措施时而说得像很好，时而说得像很坏。

——《文艺对话集》145 页

一个人尽管知道了真理，若是没有修辞术，还是不能按照艺术去说服。

——《文艺对话集》142 页

人们若想成为高明的修辞术家，丝毫用不着管什么真理、正义，或善行，也用不着管什么正义或善行是由于人的天性还是由于他的教育。他们说，在法庭里人们对于这类问题的真相是毫不关心的，人们所关心的只是怎样把话说得动听，动听要逼真或自圆其说，要照艺术说话，就要把全部精力摆在这上面。事实有时看起来不逼真，你就不必照它实际发生的情形来说，只要设法把它说得逼真，无论是辩护或是控诉，都应该这样做。总之，无论你说什么，你首先注意的是逼真，是自圆其说，什么真理全不用你去管。全文遵守这个原则，便是修辞术的全体大要了。

——《文艺对话集》165 页

智　慧

人类的禀赋最为圆熟而完备。

——《动物志》401 页

智慧就是有某些原理与原因的知识。

谁能懂得众人所难知的事物，我们称他有智慧；谁更擅于并更真切地教授各门知识之原因，谁就该是更富于智慧。

——《形而上学》3 页

知识就是智慧。

——《回忆苏格拉底》177 页

君子之宴，君子不速而往；智者之宴，愚者不速而往。

——《柏拉图五大对话集》185 页

见解为暂时，智识为永久的。

——《理想国》卷 4，36 页

金银并不能使人变得更好些，但智者的见解却能使它的所有者在德行方面丰富起来。

——《回忆苏格拉底》143 页

己有智过于人处，人有智过于己处。

——《泰阿泰德·智术之师》61 页

人性熟才生巧，己所不娴无以能为役。

——《泰阿泰德·智术之师》34 页

教　育

在教育儿童时我们当然应该先把功夫用在他们的习惯方面，然后再及于理性方面，我们必须首先训练其身体，然后启发其理智。所以，我们开始要让少年就学于体育教师和竞技教师。

——《政治学》413 页

基础科目常常是四门：即读写、体操和音乐，有些人便加上了绘画。读写与绘画，大家都认为在人生许多实务上可以得到效用；而体操则通常借以培养勇毅的品德。关于音乐训练的目的何在，那就很是迷惑而多有争执。

——《政治学》410 页

教导是关于心灵之一部分，启蒙是教导的一部分，启蒙的一部分是盘问自负多智的人，这盘诘的部分……应当叫作那高贵的智术之师的技术。

——《泰阿泰德·智术之师》153 页

最完善的东西就最不容易受外来影响的变动。

——《文艺对话集》29 页

坏人，如果引向一种较好的生活和思想方式，也可能取得进步……而且他一旦有进步，即使十分微小，他就显然有可能完全改变，或至少能取得很大进步。

——《工具论》41 页

无知的人们不从事于哲学，也无意于求知，因为无知的毛病正在于尽管不美、不善、不聪明，却沾沾自满。凡是不觉得自己有欠缺的人就不想弥补他根本不觉得的欠缺。

——《文艺对话集》261 页

一切事情都是开头至关重要，尤其是对年幼的；因为在年幼的时候，性格正在形成，任何印象都留下深刻的影响。

——《文艺对话集》22 页

知本识路，是首先注意青年，使他们尽量学好。
——《游叙弗伦·苏格拉底的申辩·克力同》13 页

教育就是要约束和引导青年人走向正确的道理，这就是法律所肯定的，而年高德劭的人们的经验所证实为真正正确的道理。

——《文艺对话集》309 页

凡事之开始，为重要之点，而于教育柔嫩之儿童，则宜注意，盖其将来人格如何，全在此时也。

——《理想国》卷 1，92 页

教育的目的及其作用，有如一般的艺术，原来就在效法自然，并对自然的任何缺漏加以殷勤的补缀而已。

——《政治学》405 页

教育所要达到的目的既然为全邦所共同，则大家就该采取一致的教育方案。

——《政治学》407 页

教育就是把儿童的最初德行本能培养成正当习惯的一种训练。

——《文艺对话集》300 页

经验与技术

经验是从时常重复同一事物的记忆发展而成的，因为许多记忆就构成一种经验。

——《工具论》255 页

有经验的人较之只有些官感的人为富于智慧，技术家又较之经验家，大匠师又较之工匠为富于智慧；而理论部门的知识比之生产部门更应是较有智慧。智慧就是有关某些原理与原因的知识。

——《形而上学》3 页

任何技术要是完全照成文的通则办事，当是愚昧的。

——《政治学》162 页

知识与理解属于技术，不属于经验，技术家较之经验家更聪明……凭经验的，知事物之所然而不知其所以然，技术家则兼知其所以然之故……与经验相比较，技术才是真的知识。

——《形而上学》3 页

文学艺术篇

文　章

文章要写得好，主要的条件是作者对于所谈问题的真理要知道清楚。

——《文艺对话集》141 页

若是一个不知真理，只在人们的意见上捕风捉影，他所写出来的文章，就显得可笑，而且不成艺术了。

——《文艺对话集》46 页

散文结构的形式，既不应当押韵，也不应没有节奏，押韵的形式，因为是人工做的，所以会破坏听者的信任。同时，它也会分散听者的注意力，老是留心韵脚的重复……可是，另一方面，没有节奏的语言，又太没有限制了。我们不要韵脚的限制，但也应当有一些限制，否则效果就会模糊而不能令人满意。

散文有节奏，但不押韵，否则，它就不是散文而是韵文了。

——《修辞学》，《西方文论选》（上），93 页

合于艺术的文章既不能太长，也不能太短，要长短适中。

——《文艺对话集》155 页

每篇文章的结构应该像一个有生命的东西。

——《文艺对话集》150 页

（文章）是可以给人教益的，而且是以给人教益为目标的，其实就是把真善美的东西写到读者心里去，只有这类文章才可以达到清晰完美，也才值得写，值得读。

——《文艺对话集》174 页

诗

诗人常让伟大的人物们痛哭哀号。

——《文艺对话集》36 页

诗人让一个最聪明的人说世间最美的事是：席上摆满了珍馐食品，酒僮从瓶里倒酒不停，斟到杯里劝客人痛饮。

——《文艺对话集》42 页

诗人写诗不是出于智慧，其作品成于天机之灵感。

——《游叙弗伦·苏格拉底的申辩·克力同》56 页

如果诗人写的是不能发生的事，他固然犯了错误；但是，如果他这样写，达到了艺术的目的，能使这一部分或另一部分诗更为惊人，那么，这个错误是有理由去辩护的。

——《诗学》93 页

为了获得诗的效果，一桩不能发生而成为可信的事比一桩可能发生而不能成为可能的事更为可取。

——《诗学》101 页

无论在史诗或抒情诗方面，都不是凭技艺来写成他们的诗歌，而是因为他们得到灵感，有神力凭附着。

——《文艺对话集》7 页

诗人的职责不在于描述已发生的事，而在于描述可能发生的事，即按照可然律或必然律可能发生的事。历史家与诗人的差别不在于一用散文，一用韵文，希罗多德的著作可以改写为"韵女"，但仍是一种历史，有没有韵律都是一样，两者的差别在于一叙述已发生的事，一描述可能发生的事。因此，写诗这种活动比写历史更富于哲学意味，更被严肃地对待，因为诗所描述的事带有普遍性，历史则叙述个别的事。

——《诗学》29 页

悲　剧

喜剧总是摹仿比我们今天的人坏的人，悲剧总是摹仿比我们今天的人好的人。

——《诗学》8—9 页

悲剧是对于一个完整而且有一定长度的行动的摹仿。

——《诗学》25 页

悲剧中没有行动，则不成为悲剧；但没有性格仍然不失为悲剧。……悲剧所以使人惊心动魄，主要在于要靠"突转"与"发现"，此二者是情节的成分。情节乃悲剧的基础，有似悲剧的灵魂。

——《诗学》22—23 页

悲剧……要能引起恐怖与怜悯之情。如果一桩桩事件是意外的发生而彼此间又有因果关系，那就最能产生这样的效果。

——《诗学》21 页

（要达到悲剧的目的），第一，不应写好人由顺境进入逆境，因为这只能使人厌恶，不能引起恐怖或怜悯之情；第二，不应写坏人由逆境转入顺境，因为这最违背悲剧的精神——不合悲剧的要求，既不能打动慈善之心，更不能引起怜悯或恐怖之情；第三，不应写极恶的人由顺境转入逆境，因为这种布局虽然能打动慈善之心，但不能引起怜悯或恐怖之情，因为怜悯是一个人遭受不应遭受的厄运而引起的，恐怖是由这个这样遭受厄运的人与我们相似而引起的。

——《诗学》38 页

艺　术

艺术适应人的性格。

——《文艺对话集》304 页

一个作家必须使他的艺术给人以自然的印象，而不是矫揉做作。自然是有说服力的，而矫揉做作则适得其反。矫揉做作会使听众以为我们是在玩弄阴谋诡计，就像给他们的酒掺上水一样。

——《修辞学》《西方文论选》（上），90 页凡是高一等的艺术，除掉本行所必有的训练以外，还需要对于自然科学能讨论，能思辨；我想，凡是思想既高超而表现又能完美的人们都像是从自然科学学得门径。

——《文艺对话集》160 页

一个雕塑家就应该通过形式把内心的活动表现出来。

——《回忆苏格拉底》122 页

音　乐

音乐的三种利益为：其一，教育；其二，被除情感；其三，操修心灵。

——《政治学》430 页

音乐的作用，有如睡眠和醋饮，只是娱乐和憩息（弛懈）。
音乐具有陶冶性情的功能。

——《政治学》416—417 页

音乐的好处在于使我们的心灵得到快感。

——《文艺对话集》304 页

音乐和合唱庆祝的真正功用就在此：当我们自认为生活过得好时，我们欢乐；另一方面，当我们欢乐时，我们也认为生活过得好。

——《文艺对话集》306 页

最好的音乐是这种音乐，它能够使最优秀最有教养的人快乐，特别是使那个在品德和修养上最为卓越的一个人快乐。

——《法律篇》,《西方文论选》46 页

音乐的价值只在操持闲暇的理性活动。

音乐绝不是一种必需品。

——《政治学》411 页

音乐上之奢华使人放纵,生活上之奢华使人疾病。以对而言之,简朴之音乐为产生美德之母,简朴之体育,为增益健康之道。

——《理想国》卷 2,33 页

音乐应该归缩到对于美的爱。

——《文艺对话集》65 页

我们应该把这类悲哀的乐调抛开,因为拿它们培养品格好的女人尚且不合适,何况培养男子汉!

——《文艺对话集》57 页

音乐上之训练,较他种训练为重要,外观之美,音韵之和,能深印儿童之心。其所印入为善,则其将来发表于外者亦为善;所印入者为恶,则其所发表于外者亦恶。凡于音乐上得良好之学问者,则其辨别美恶仿佛出于天性。

——《理想国》卷 2,26 页

治国者当以音乐为第一要务。

——《理想国》卷 2,65 页

家庭·伦理篇

家　庭

由于男女同主奴这两关系的结合，首先就组成家庭。
家庭就成为人类满足日常生活的需要而建立的社会的基本形式。
家庭常常由亲属中的老人主持。

——《政治学》5—6 页

家务重在人事，不重无生命的财富；重在人生的善德，不重家资的丰饶；重在自由的人们的品行，不重在群奴的品行。

——《政治学》37 页

家务管理的技术不同于获得财产的技术。后者的职务是供应，前者的职务是运用，家务管理技术不正是运用家财所应用的吗？

——《政治学》21 页

家务管理由一个君主式的家长掌握，各家家长以君臣形式统率其附从的家属；至于政治家所执掌的，则为平等的自由人之间所付托的权威。固然，家主之为家主，由于他的本分，并不因为他具有家主学术，奴隶和自由人也各凭本分而为奴隶和自由人，但是这里仍然可以各各具有一门家主学术和一门奴隶学术。

——《政治学》19 页

治产（致富）有两种方式：一种是同家务管理有关的部分（农、牧、渔、猎），另一种是指有关贩卖的技术（经商）。就这两种方式说，前者顺乎自然地由植物和动物取得财富，事属必需，这是可以称道的，后者在交易中损害他人的财货以牟取自己的利益，这不是合乎自然而是应受到指责的。

在致富的各种方法中，钱货确实是最不合乎自然的。

——《政治学》31—32 页

获得财富也是家主的业务，但在另一个意义上说，这就不是他的本分，而是家务管理技术中的一个枝节。

——《政治学》31 页

人所最大之需要，即为关系生活之谷食。其次为居处，再其次为衣服等。

——《理想国》卷 1，75 页

一个完全的家庭是由奴隶和自由人组合起来的，家务的各个部分就相应于这些组成分子。研究每一事物应从最单纯的基本要素（部分）着手；就一个完全的家庭而论，这些就是：主和奴，夫和妇，父和子。

于是，我们就应该研究这三者各自所内含的关系并考察它们的素质：（1）主奴关系；（2）配偶关系——在我们的语言中，用"配偶"这个用语表示男女的结合是不合适的；（3）亲嗣关系——"亲嗣"，即所谓"致富技术"，有些人认为整个"家务"就在于致富，另一些人则认为致富只是家务中的一个主要部分；这种技术上的性质我们也得加以研究。

——《政治学》28 页

让我们先行讨论主奴这一项，探究主奴的结合对人类日常生活有什么实际的利益，并(在理论上求取这方面的知识)，希望能够引进较胜于现在流行的观念。有些人认为管理奴隶是一门学术，而且家务和政务，以及主人的治理奴隶同政治家和君王的统治人民完全相同……

可是，另一些人却认为主奴关系违反自然。在他们看来，主人和奴隶生来没有差异，两者的分别是由律令或俗例制定的：主奴关系源于强权；这是不合正义的。

——《政治学》33 页

所谓家主学术，即运用奴隶，那就只需知道如何指挥奴隶，使他们各尽所能，这样的学术实际上并不是怎么高深或博大的学术。

因此，有些人需要摆脱家务的烦琐而从事于政治业务或哲学研究的，尽可把奴隶的管理委托给一个管家人(执事)。说到如何依照合法手续获得奴隶，这就全然不同于为主为奴的学术；这应当归属为战争技术和狩猎技术中的一个部分。

——《政治学》31 页

财产既然是家庭的一个部分，获得财产也应该是家务的一个部分；人如果不具备必需的条件，他简直没法生活，更说不上优良的生活。又如，每一个专业的工人，必须具有各自的专门工具才能完成他的工作(功效)；这在治家而论也是这样。至于"工具"有些无生命，有些有生命；对一个航海者来说，例如舵是他所运用的无生命工具，而船头守望者是他所运用的有生命工具——在每一专业中，凡从属的人们都可算作(业主或匠师完成他的工作的)工具。这样，"财产"(所用物＝所有物)就可说是所有这些工具的总和，而每一笔财产(所有物)就都是谋生"所用的一件工具"；奴隶，于是，也是一笔有生命的财产；一切从属的人们都可算作优先于其他(无生命)工具的(有生命)工具。

——《政治学》23 页

倘使每一无生命工具都能按照人的意志或命令而自动进行工作，有如达达罗斯的雕像或赫法伊斯托的三脚宝座，荷马曾经咏叹的那个宝座，能自动进入（奥林匹斯山）群神的会集，这样，倘使每一个梭都能不假手于人力而自动地织布，每一琴拨都能自动地弹弦，（倘使我们具备了这样的条件，也只有在这样的境况之中），匠师才用不到从属，奴隶主（家主）才可放弃奴隶。（这里，可是，还得认识另一项分别：）我们方才涉及的工具（例如梭）是"生产工具"，而另一种家有财产（用品）（例如奴隶或其他器具）则是"行为（消费）工具"。由梭的应用，可以获得另外一些物品；但由另一些工具的应用，如衣服或床的应用，就只是应用（消费）而已。生产和行为是人类两种相异的活动，各个需要有适当的工具，因此工具也得有两种相应的差别。

——《政治学》30 页

（家常）生活既不属于生产而为行为，那么（家）奴作为生活的工具，就仅仅是人生行为方面的从属。又如，所谓"一件用品"（"一笔财产"）原来是指家产中的一个部分而言，家产既有所属，那么每一件用品（财产）不仅属于全部家产，又应当属于那应用用品的人（财产的所有者）。这样，以一个家庭来说，谁是主人的奴隶和谁是奴隶的主人，原来都是家庭的一个部分，但奴隶作为用品（财产）而言，即这一笔财产，应该完全属于运用他的人，而主人（就另有家务管理以外的自由生活而言）便不属于奴隶。

——《政治学》37 页

善　德

"善"这个词……在运用上有很多意义，如应用于本体的范畴上为上帝、理性；应用于性质的范畴上为德性；应用于数量的范畴上为适中；应用于关系上为效用；应用于时间上为机会；应用于地点上为安居，等等。显然，它不是一种普遍而又单一的东西，如果是的话，它也不会存在于一切范畴内，而只能见于一种范畴内。

——《尼可马可伦理学》，《西方伦理学名著选辑》284 页

善的人，其所以特别与普通人不同之处，就在于他在行为中每一种场合，都能辨别真理。实际上，善的人或有理想的人本身就是这些事情的标准或权衡。

——《尼可马司伦理学》，《西方伦理学名著选辑》306 页

一个真正善良而快乐的人，其本性的善一定是绝对的善，当他发扬其内在的善德时，一定能明白昭示其所善具有绝对的价值。

——《政治学》384 页

即使个人的善和国家的善相同，但是国家的善，无论在取得上或保持上都比个人的善更为宏大，更为完备。仅仅为了一个人而求这目的，虽然也是值得的，但若是为了一个民族，或一些城邦而去获得它，则是更神圣的事。

——《尼可马可伦理学》，《西方伦理学名著选辑》283 页

善人和恶人都感到快乐和痛苦。

某些快乐是善，某些快乐是恶的。有益的乐事是善，有害的乐事是恶的。

有益的乐事是那些能致某种善的乐事，有害的乐事是能致某种恶的乐事。

有善的痛苦，有恶的痛苦。

快乐……是为了善的目的被人追求，而不是为了求快乐的原故来追求善的目的(或事物)。

——《高尔吉亚》，《西方伦理学名著选辑》206—208 页

理性暗示我们，我们不应当在纯粹的生活中，而应当在混合生活中来寻找善。

——《菲利布斯》，《西方伦理学名著选辑》192 页

对于任何人有益的东西，对他来说就是善。

——《回忆苏格拉底》178 页

人既以就死为善，奈何不得自善其身？

——《柏拉图五大对话集》68 页

凡人居不适当之地位，苟其性愈善，则其所受之损害必愈多而愈重。

——《理想国》卷 3，82 页

人如不作善行（义行）终于不能得善果，人如无善德而又欠明哲，终于不能行善（行义）。

——《政治学》342 页

人类所不同于其他动物的特性就在他对善、恶和是否合乎正义以及其他类似的观念的辨认。

——《政治学》8 页

德性——是习惯或品性。每一个德行都能使一件东西本身变好，又能使这件东西完满地完成其功能。

人的德性一定是那种既能使人成为善人，又能使人圆满地完成其功能的品性。

——《尼可马可伦理学》，《西方伦理学名著选辑》295 页

德性不出于钱财，钱财以及其他一切公与私的利益却出于德性。

——《游叙弗伦·苏格拉底的申辩·克力同》6 页

德性……比之任何技艺都更确切，更好……德性应以中道为目的。

——《尼可马可伦理学》，《西方伦理学名著选辑》297 页

道德之本性为适度。为善是困难的，因为要在每一种场合都找到中道确是件难事。

——《尼可马可伦理学》，《西方伦理学名著选辑》303 页

人间的种种差别，形成各式各样的阻隔（沟渠），最深阔的沟渠是善恶之间的道德差别，其次为财富和贫富之别。

——《政治学》243 页

德行有两种：理智的和道德的。理智的德行是由于训练而产生和增长的；道德的德性则是习惯的结果。

——《尼可马可伦理学》，《西方伦理学名著选辑》291 页

品德高尚的好人所以异于众人中的任何个人，就在于他一身集合了许多的素质。

——《政治学》143 页

无论在什么地方，难道一般的习惯不都是当年轻人和老年人在路上相遇的时候，年轻的人总是应该首先让路吗？难道不是年轻人应该向年长的人让座，把软席让给年长的人，讲话时让年长的先开口吗？

卑鄙的人，你只要给他点什么，就可以博得他的欢心，但对于一个体面的贤者，说服他的最好的办法就是以善意相待。

——《回忆苏格拉底》59 页

奴隶在作为劳役的工具之外，是否还具有其他较高的品质，例如节制（克己）、勇毅、正义以及其他类似的德性？或者他在供使劳役之外有没有别的什么好处呢？答复这个问题，在两方面都有疑难：如果说奴隶也有善德，那么他同自由人又有什么不同呢？反之，奴隶也是具有理性的人类，要是认为他完全没有善德，这又是荒谬的。

——《政治学》61 页

类似奴隶的问题，也可以考察一下妻儿；他们是否也具备各种善德？为人妻而称贤于世者是否由于她也能克己、勇毅而富于正义（犹如男人）呢？在批评一个小孩时，是否应用"放肆"或"谨慎"这类道德名词呢？我们应当作正面还是反面的答复？

让我们把问题展开为一个普遍性的问题；根据自然的统治者和被统治者的品德究竟相同还是相异？如果说两者都应该具备"既善且美的品德"和被统治者的善德的确也可以因为两者所处地位的相异而有种类的差别。

——《政治学》61 页

灵魂在本质上含有两种要素，其一为主导，另一为附从，各个相应于不同的品德，理智要素符合统治者的品德，非理智要素则符合从属者的品德。像灵魂这样的组合性质也显见于其他事例（如家庭和邦国）；这里，主从两要素的存在于各种人事组合中就可说是一个普遍条例（这种普遍条例，在各种不同场合发生作用时，各个表现为不同的形态）。

——《政治学》68 页

自由人对于奴隶的治理是主从组合的一种形态；丈夫对于妻子又是一种；成年人对于儿童又是一种。

所有这些人的确都具备灵魂的各个部分，但各人所有各个部分的程度并不相同。奴隶完全不具备思虑（审议）机能；妇女确实具有这一部分但并不充分；如果说儿童也会审议，这就只是些不成熟的思虑。

这些人所具有的道德品质情况也相类似。他们都具有各种品德而程度不同。各人的品德应该达到符合于各人所司职务的程度。当然统治者的道德品质应该力求充分完善，他的职位既然寄托着最高的权威，他的机能就应该是一位大匠师，这样的大匠师就是"理智"的，至于其他被统治的人各个奉行其自然的职务，他所需的品德，在程度上就只要适应各人的职务而已。

——《政治学》70 页

道德品质虽为各人所同备，每一德行，例如节制（克己），男女所持有的程度却并不相同，就勇毅和正义而说也是这样，男女在这些品德方面并无区别，是不切实际的。就勇毅说，男人以敢于领导为勇毅就不同于女子的以乐于顺从为勇毅；再就其他的品德说也是这样。

——《政治学》67 页

我们当注意到诗人所说妇女的品德："娴静就是妇女的服饰"，"娴静"这样的品德就不能用来赞美一个男人。（这可见男女有不同的品德，而儿童也应该具有专属于儿童的品德。）一个儿童既然尚未成熟，就不必在他儿时的独立人格上考究他的品德，我们所留意的应该是他有关（日后的）成就以及（当前）在父亲师长的教育中所表现的品德。同样地，奴隶的品德也就应该注意于他和主人间的关系方面。

——《政治学》65 页

在论及奴隶时，我们曾经说明奴隶是为人们日常生活供应劳役的。就劳役而论，并不需要多少善德，但求他们不太粗率以致坏事、不太怯懦以致怠忽而已。如果这里所说的奴隶的情况是确实的，则人们有鉴于工艺常常因粗率而坏事，一定会进一步询问：工匠是否也不需要多少善德？但奴隶和工匠不是有很大的区别么？

奴隶是终生跟从主人的。就工匠对于雇主的关系来说，他所从事的职务和服劳的时间都是有限度的；那么工匠所需的那种不致坏事的勤谨服从的品德也就是有限度的了。此外，奴隶是本于自然而成为奴隶的，至于一个鞋匠或其他工匠则本身并非奴隶。（他还得另有自由人格的品德。）于是，这里已经可以明白，作为家庭的一位主人，他的责任就不仅在于役使群奴从事各种劳务，他还得教导群奴，培养他们应有的品德。所以，有些人认为管理奴隶就应当专心用力于工作的支配，不必同他们空谈理智；我们的意见恰恰相异，奴隶比之儿童，更是需要加以教导。

——《政治学》61 页

正　义

按照一般的认识，正义是某些事物的"平等"观念……正义包含两个因素——事物和应接受事物的人，大家认为相等的人就应该配给相等的事物。

——《政治学》148 页

实行不公正比遭受不公正还当更加避免，而且不论在私人生活中或在公共生活中都应该抛开一切，先追求德性的实际而非其现象。

——《高尔吉亚》，《西方伦理学名著选辑》216 页

由于奴役朋友被认为总是不义的，而奴役敌人则被认为是义的，是不是对于朋友忘恩负义就是不义的，而对于敌人忘恩负义则是义的呢？

——《回忆苏格拉底》52 页

人类的恶德在于他那漫无止境的贪心，一时他很满意于获有两个奥布尔的津贴，到了习以为常时，又希望有更多的津贴了，他就是这

样的永不知足。人类的欲望原是无止境的，而许多人正是终生营营，力求填充自己的欲壑。财产的平均分配终于不足以救治这种劣性及其罪恶。唯有训导大家以贪婪为诫，使高尚的人士都能知足，而卑下的众庶虽不免于非分之求，但既无能为力，也就不得不放弃妄想；至于他们分内应得的事物当然应该给予公正的分配，勿使其发生怨望。

——《政治学》97 页

幸　福

生活得最好的是那些最好地努力研究如何生活得最好的人；最幸福的人是那些最意识到自己是在越来越好的人。

——《回忆苏格拉底》186 页

那意识到自己一辈子过着虔诚和正义生活的人就是最幸福的人。

——《回忆苏格拉底》190 页

真正的幸福生活是免于烦累的善德，而善德就在行于中庸。最好的生活方式就应该是行中庸，行于每个人都能达到的中庸。

——《政治学》204 页

人们虽于外物的充裕和人性的完美两者都可获得幸福，两者结合起来也可获得幸福，然而凡德性不足而务求娱乐于外物的人们，不久便知道过多的外物已经无补于人生，终究不如衣食才能维持生活，而虔修品德和思想，其为毕竟更加充实。

——《政治学》341 页

一个人要是没有丝毫勇气，丝毫节制，丝毫正义，丝毫明哲，世人决不会称为有福的人。

——《政治学》340 页

最优良的善德就是幸福，幸福就是善德的实现，也是善德的至极。

——《政治学》364 页

人们要取得幸福，必须注意两事：其一为端正其宗旨，其二为探究一切行为的准则。

——《政治学》382 页

勤劳只是获得闲暇的手段。

——《政治学》389 页

那些要生活得幸福的人，首先不应当侵犯旁人，也不应当为旁人所侵犯。

——《法律篇》，《西方文论选》47 页

不同的人对于幸福有不同的了解……当其病时，以健康为幸福，当其穷困时，则以财富为幸福；当自觉其无知时，又羡慕那些能宣传某种为他所不能想到的伟大理想的人。

——《尼可马可伦理学》，《西方伦理学名著选辑》283 页

幸福是世间最优美的、最高尚的、最快乐的事。

——《尼可马可伦理学》，《西方伦理学名著选辑》287 页

苦　乐

快乐是一切生灵的真正目的。

——《菲利布斯》，《西方伦理学名著选辑》191 页

我们的确把许多给人类带来痛苦的事放在幸福之中了，因为有许多人由于美貌而被那些见美倾心的人败坏了；许多人由于自信体力强大而去尝试力所不逮的工作就遭到了不少的祸患；许多人由于财富而腐化堕落，遭人阴谋暗算而毁灭了；许多人由于他们的荣誉和政治能力而遭到了极大的灾难。

——《回忆苏格拉底》152—153 页

过度之快乐之有害于身心，实与痛苦无异。

——《理想国》卷 2，28 页

快乐与痛苦均为心中所感之刺激。

凡快乐之身躯体而传之于心者，人皆视为极大之快乐，实则非快乐，不过免痛苦耳。

——《理想国》卷 5，29—30 页

人能补足其智识之缺点，其快乐为真快乐。

——《理想国》卷 5，32 页

一切没有后患的欢乐不仅有补于人生的终极，也可借以为日常的憩息。

——《政治学》418 页

能忍受痛苦为最善，暴躁于痛苦无益。

——《理想国》卷 5，65 页

以一切永久不灭之善德为辅佑，则自必然能脱离今日之苦海。

——《理想国》卷 5，77 页

一切需要或欲望都是痛苦的。

——《高尔吉亚》，《西方伦理学名著选辑》201 页

情感与理智篇

友　谊

世间倘若没有友谊，就不称其为社会。

——《政治学》106 页

获得友谊不可能像猎取兔子那样用穷追的办法，也不可能像捕鸟那样用诱擒的办法，也不可能像对待敌人那样使用暴力，违反一个人的意愿而想使他成为你的朋友，是很难的。

——《回忆苏格拉底》66 页

如果把朋友和其他所有财富比起来，一个好朋友岂不是更有价值得多吗？……一个好朋友对于他的朋友，无论是他个人的私务，或是他的公共职守方面，不管缺少什么都很关心。当朋友需要照顾的时候，他总是提供自己的资财来帮助他，当朋友受到威胁的时候，他总是会加以援救并分担费用，同心协力，帮助说服，甚至以强力压服对方。当朋友顺利的时候，就鼓舞他，要跌倒的时候就扶持他。凡是一个人的手所能操作的，眼睛所能预先看到的，耳朵所能听见的，脚所能完成的，没有一件事他的朋友不会为他做好的，……然而尽管人们为了吃果子而栽种果树，绝大多数的人，对于他们所有的叫作朋友的、最丰厚的财宝，却不知加以培植和爱护。

——《回忆苏格拉底》61 页

人们天性有友爱的性情。……友谊能够迂回曲折地出现，把那些高尚善良的人们联系在一起。

——《回忆苏格拉底》68 页

神明造弟兄彼此相助，比手、足、眼睛或其他成对的肢体对人的好处要大得多了……唯独弟兄，只要他们彼此友爱的话，不管距离多远，也能同心协力，互相帮助。

——《回忆苏格拉底》60 页

财富是没有知觉的东西，弟兄是有知觉的，财富需要保护，弟兄能够提供保护……财富是很多的，但弟兄只有一个。

——《回忆苏格拉底》66 页

情　感

有一个使人们结合起来的东西，那就是爱；相反，有恶感的人们总是彼此回避的。

——《物理学》222 页

很少有人能想到，旁人的悲伤可以酿成自己的悲伤。因为，我们如果拿旁人的灾祸来滋养自己的哀怜，等到亲临灾祸时，这种哀怜就不易控制了。

——《文艺对话集》86 页

被情感支配的人最能使人们相信他们的情感是真实的，因为人们都具有同样的天然倾向，唯有最真实的生气或忧愁的人才能激起人们的忿怒和忧郁。

——《诗学》56 页

憎恨也包含愤怒的情绪，愤怒会激发斗志。愤怒实际上是一个有效的刺激，凡是被激怒了的人们常常不再计较利害而勇于战斗。凌辱最容易搅乱人们的情绪。对于敌人有所憎恨，不一定就会感到苦恼，这时人们尚能顾及利害。愤怒和苦恼相结缠，既怒且恼的人就容易丧失理智。

——《政治学》289 页

心怀恶意的人显然在旁人的灾祸中感到快感……我们耻笑朋友们滑稽可笑的品质时，既然夹杂着恶意，快感之中就夹杂着痛感；因为我们一直都认为心怀恶意是心灵所特有的快感，而笑是一种快感，可是这两种感觉在这种情况下同时存在。

——《斐列布斯》，《西方文论选》43 页

精神非外力可胜，诚意所至，畏怯自灭。

——《理想国》卷 1，86 页

心怀恶意一方面是一种不光明的痛感，另一方面也是一种快感。

庆幸敌人的灾祸既不算是过错，也不算心怀恶意，但是人们见到朋友的灾祸，不感到哀伤，反而感到快乐，这不算是过错吗？

——《文艺对话集》216 页

痛感都是和快感混合在一起的。

——《文艺对话集》297 页

真正的快感来自所谓美的颜色，美的形式，它们之中有很大一部

分来自气味和声音；总之，它们来自这样一类事物：在缺乏这类事物时，我们并不感到缺乏，也不感到什么痛苦，但是它们的出现却使感官感到满足，引起快感，并和痛感夹杂在一起。

——《文艺对话集》298 页

我们的朋友如果对自己的智慧、美貌及其他优良品质有狂妄的想法，如果他们没有势力，他们就显得滑稽可笑；如果他们有势力，他们就显得可恨。

——《文艺对话集》296 页

理智与理性

遇到灾祸，最好尽量镇静，不用伤心，因为这类事变是祸是福还不可知，悲哀并无补于事，尘世的人事也不值得看得太重，而且悲哀对于当前情景迫切需要做的事是有妨碍的。

——《文艺对话集》83 页

我们亲临灾祸时，心中有一种自然倾向，要尽量哭一场，哀诉一番，可是理智把这种自然倾向镇压下去了……我们人性中最好的部分，由于没有让理智或习惯培养好，对于这感伤癖就放松了防备，我们于是就拿旁人的痛苦来让自己取乐。

——《文艺对话集》167 页

凡自己缺乏理智，反能感应别人的理智的，就可以成为而且确实成为别人的财产，这种人就天生是奴隶。

——《政治学》15 页

欲望与理性的基本对象相同。欲望所求为虚善（外表事物），理性所求为真善（真实事物）；但思想（理知）既为起点，欲望自应后于思想，而思想故当先于欲望。

——《形而上学》247 页

最高理性的人的意见更值得考虑，他们会相信事物的真相。

——《游叙弗伦·苏格拉底的申辩》99 页

一个有理性的人若是遭到灾祸，比如死了儿子，或是丧失了他所看重的东西，他忍受这种灾祸时，要比旁人镇静些。

——《文艺对话集》82 页

我们的行为必须遵循正当的理性。

——《尼可马可伦理学》，《西方伦理学名著选辑》293 页

操作理性而运用思想正是人生至高的目的。

——《政治学》395 页

灵魂统治身体，就如同掌握着主人的权威；而理性节制情欲，则类似一位政治家或君主的权威。

——《政治学》14 页

理性原则有两部分，一部分是本身有理性，具有严格的理性意义；另一部分是听从理性，好像一个人听从他的父亲一样。
理解和明智是理智的德行，宽大和节制叫作道德的推行。

——《尼可马可伦理学》，《西方伦理学名著选辑》291 页

人性中最好的部分让我们服从这种理性的指导。

——《文艺对话集》83 页

美　　篇

美的概念

使物美者无他，美之本体如是，分治如是，显然而已。

物之所以为美，由于美之本体。

——《柏拉图五大对话集》147 页

最美的也就是最可爱的。

——《文艺对话集》64 页

风格的美在于明晰而不流于平淡。

——《诗学》77 页

知识就是最美的，无知就是最丑的。

——《文艺对话集》195 页

有能力的和有用的，就它们实现某一个好目的来说，就是美的。

——《文艺对话集》196 页

一切行动，专就它本身来看，并没有美丑的分别……美丑是起源于这些事或行动怎样做出来的那种方式。做的方式美，所做的行动也就美；做的方式丑，所做的行动也就丑。

——《文艺对话集》225 页

任何一件事物，它对于什么有用处，就把它用在什么上，那就美了。

有用的东西，对于它所有用的任何事来说，就是美的。

——《回忆苏格拉底》179 页

美是难的。

——《文艺对话集》210 页

美就是有用的……说它美只是看它有用，在某种情境可以用它来达到某种目的；如果它毫无用处，我们就说丑。

效能就是美的，无效能就是丑的。

——《文艺对话集》195 页

一件东西纵然本来是丑，只要镶上黄金，就能得到一种点缀，便显得美了。

——《文艺对话集》184 页

最美的猴子比起人来还是丑，最美的汤罐比起年轻小姐来还是丑，最美的年轻小姐比起女神也还是丑。

——《文艺对话集》183 页

心灵美

爱人至少要在心灵方面没有欠缺，如果只是身体的欠缺，那还是不失其为可爱。

——《文艺对话集》64 页

一切都各有美与不美的区别。不美，节奏坏，不和谐，都由于语言坏和性情坏；美，节奏好，和谐，都由于心灵的聪慧和善良。

——《文艺对话集》67 页

"好性情"……是心灵真正的尽善尽美。

——《文艺对话集》61 页

实际美的事物在外表上就不能不美，因为它们必然具备使它们在外表上表现得美的那种品质。

——《文艺对话集》192 页

对于有眼睛，能看的人来说，最美的境界是心灵的优美与身体的优美谐和一致，融成一个整体。

——《文艺对话集》64 页

凡是想依正路达到这深密境界的人应从幼年起……应该学会把心灵的美看得比形体的美更可珍贵。如果遇见一个美的心灵，纵然在形体上不甚美观，也应该对他心生爱慕。……他应该学会见到行为和制度的美，看出这种美也是到处贯通的，……他应该受向导的指引，进到各种学问知识，看出它们的美。于是放眼一看，这已经走过的广大的美的领域，他从此就不再像一个卑微的奴隶，把爱情专注于某一个个别的美的对象上，某一个孩子，某一个成年人，或是某一种行为上。这时他凭临美的汪洋大海，凝神观照，心中生起无限欣喜，于是孕育无量的优美崇高的道理，得到丰富的哲学收获，如此精力弥满之后，他终于一旦豁然贯通唯一的、涵盖一切的学问，以美为对象的学问。

——《文艺对话集》272 页

恰当与美

所谓恰当，是使一个事物在外表上显得美的……相貌不扬的人穿着合适的衣服，外表就好看起来了。

——《文艺对话集》191 页

不恰当就是丑，使每件东西美的就是恰当。

——《文艺对话集》185 页

黄金在用得恰当时就美，用得不恰当就丑，其他事物也是如此。

——《文艺对话集》191 页

一个美的事物，不但它的各部分应有一定的安排，而且它的体积也应有一定的大小；因为美要依靠体积与安排，一个非常小的活东西不能美，因为我们的观察处于不可感知的时间内，以致模糊不清；一个非常大的东西也不能美，因为不能一览而尽，看不出它的整一性。

——《诗学》26 页

如果实际离不开外表，如果承认恰当就是美本身，而且能使事物在实际上和外表上都美，美就不应该不易赏识了。因此，恰当这个品质如果是使事物在实际上成其为美的，它就恰是我们所要寻求的那种美。但是也就不会是事物在外表上成其为美的。反之，如果它是使事物在外表上成其为美的，它就不会是我们所寻求的那种美。我们所要寻求的美是使事物在实际上成其为美的。

——《文艺对话集》193 页

如果恰当只使一个事物在外表上表现得比它实际美，它就会只是一种错觉的美。因此，它不能是我们所要寻求的那种美；因为我们所要寻求的美是有了它，美的事物才成其为美。

——《文艺对话集》192 页

美的摔跤者不同于美的赛跑者，美的防御用的圆盾和美的便于猛力迅速投掷的标枪也是极不一样的……凡人所用的东西，对它们所适用的事物来说，都是既美又好的。

——《回忆苏格拉底》114 页

财　富　篇

致富与交易

　　获得财富的自然方法和家务管理相适应（以寻求一切生活资料为主），而另一种从事在货物交换之间，贩卖致富的方法则以寻求并积储金钱为主。没有一种方法完全依靠金钱的权威，金钱是交易的要素，也是交易的目的，由后一种方法所获得的财富是没有限度的。

——《政治学》27 页

　　因为致富的两个不同方式颇相接近，这就容易发生混淆，它们都致力于财富，所运用的手段也相同，但所追求的目的不同。这就使其各趋于不同的途径。其一便是专以聚敛财富（金钱）为能事，另一却为生活而从事于觅取有限的物质。……人们所以产生这种心理，实际上是由于他们只重视生活，而不知何者才是优良的生活的缘故。生活的欲望既无穷尽，他们就像一切满足欲望的事物也无穷尽一样。又有些人虽已有心向往"优良"（道德）生活，却仍旧不能忘却于物质快乐，知道物质快乐需要有财货为之供应，于是熟悉致富之术，而投身于赚钱的事业。这就是致富的第二种方式成为时尚的原由。

——《政治学》29 页

　　有时人们认为钱币只是一种虚拟的物品，其流行有赖于习俗的作用。

富有金钱的人的确常常有乏食之虞……重视这种"人们拥有许多而终于不免饿死"的金钱为财富，实际上是荒唐可笑的观念。

——《政治学》27 页

为了互相供应各人的生活所需，买卖成为一切城邦不可缺少的事业。人类要到经济自给自足的境地，这是最便捷的方式，而自给自足正是人们所由集合而共同组成的一个政治体系的主要目的。

——《政治学》330 页

为了获得供应，一个城邦应该慎重注意，凡输入的商货一定为本邦所不生产的货品，而输出的商货一定为本邦生产有余的物品，从事贸易当以本邦的利益而不以他人的利益为主。

——《政治学》359 页

互相交易……其宗旨则无非为彼此之利益。

——《理想国》卷 1，75 页

奴隶是财产的一个部分，照我们惯常应用的方法，现在应当进而研究财产的一般问题并通论致富的方法。这里应该首先考察获得财产的技术是否就是家务管理，或只是家务的一个部分，或只是附属于家务的一个枝节；如果是附属性质，则我们还须区别其在性质上为类似于制梭技术的附属于织布技术，还是类似于铸铜技术的附属于造像技术。这两种各自附属于其主艺的副艺，性质有别，其一为主艺的工具，另一则为主艺的材料。所谓"材料"，我是指事物所由以造成的原料：例如羊毛，织工用以制呢；青铜，雕塑家用以铸像。

——《政治学》34 页

人们随意说"生活优良"，只是一些不着边际的笼统语言。而且所谓"素朴的生活"实际上竟然可能是穷困的生活。比较清楚的叙述（界说）应该是"以足够维持其素朴（节制）而宽裕（自由）的生活"为度。让这两个词联合起来，划出我们应用财富的边际——两者如果分开，宽裕（自由）将不期而流于奢侈，素朴（节制）又将不期而陷于寒酸。人们在处理财富上表现过弱（吝啬）或过强（纵滥）的精神都是不适宜的，这里唯有既素朴而又宽裕，才是合适的品性。

——《政治学》86 页

显然，家务管理的技术不同于获得财产的技术。后者的职务是供应（或供工具或给材料），前者的职务是运用，家务管理技术不正是运用家财所供应的事物么？

——《政治学》31 页

如果说获得财产的技术的确不同于家务管理，但这是否是家务管理的一个部分或是另一门独立技术，仍然是一个以与"消费学术"（"使用学术"）相对的，而成为经济学中的两门基本技术之一。

——《政治学》39 页

"消费学术"这个名词的含义在此不甚明确：（1）有时把财富同于生活所需（财产），这就同于合乎自然的"获得财产技术"。（2）常被用以指称不合乎自然的"获得金钱的方法"。（3）有时包含一切合乎或不合乎自然、正当或不正当的致富方法。

——《政治学》30 页

财富有许多种类，倘使有力求致富的人遍想各种财货的来源，他首先就会考虑到农作是否为致富方法的一部分，或是另一种独立技术。

实际上我们将由此遍询一切足以营生和积财的行业。

——《政治学》25 页

人类中的大多数是在耕种土地，栽培植物，拿收获来作为给养。凡是靠自己的劳力，不凭交换和零售（经商）以取得生活资料的人们，依上所说，可以综括为五种不同方式：游牧、农作、劫掠、渔捞和狩猎。有些兼营两种谋生的方式，以便长期保持丰稔，当一业不利或欠缺的时期，他们就应用另一方式来觅食：例如游牧民族常常干劫掠的勾当，而农夫也时常出外狩猎；跟着各处生活的不同需要和各种人们的不同兴趣，各个进行类似的兼业，以适应个别的生活方式。

这类赖以生养的财货（食料），一切动物从诞生（胚胎）初期，迄于成形，原来是由自然预备好了的。蛆生动物（如昆虫）和卵生动物（如鱼、鸟、两栖、爬虫）在它们所产的蛆和卵中就配置着幼体发育，直至它们（成虫、小鱼、雏鸟等）能自己营生以前，所必需的全部养料；胎生动物，从分娩的时候起就自然地分泌所谓的乳汁，在某一时期内，哺喂其婴儿。

——《政治学》41 页

战争技术的某一意义本来可以说是在自然间获得生活资料（财产）；（战争就是源于狩猎，）而狩猎随后则成为广义的战争的一部分；掠取野兽以维持人类的饱暖既然为人类应该熟悉的技术，那么，对于原来应该服属于他人的卑下部落，倘使不愿服属，人类向它进行战争（掠取自然奴隶的战争），也应该是合乎自然而正当的。

于是，获得财产这一种自然方式（广义的狩猎方式）的确应该是家务技术的一个部分。作为一个家主，他就应该熟悉并运用这些手段以取得家庭所必需的物品，而且不仅要足够当时所需的数量，还得有适量的积储，以备日后的应用。这种致富方式和技术不但有益于家庭团体，也有益于城邦团体。真正的财富就是这些物品。虽然梭伦的诗句中曾经说过，人们的财富并未订定限额，这类真正的财富就供应一家人的良好生活而言，实际上该不是无限度的。

——《政治学》41—42 页

有如其他各业(技术)所需的手段(工具)各有限度，家务上一切所需(生活资料和用以获得生活资料的工具)也一定有其限度。这些工具在数目及大小方面既各有限定，财富就可解释为一个家庭或一个城邦所用的工具的总和。

于是，这里已很明显，家主和政治家应该各自熟悉获得财产的这种自然技术，而我们也可由此认识到这种技术(如家庭对于狩猎，邦国对于战争)存在于现世的理由。

——《政治学》48 页

获得财产的技术另外还有一类，即通常所谓"获得金钱(货币)的技术"，这个流行的名词造得极为合适。世人对财富没有止境的观念是从这个第二类的致富方法引出来的。很多人认为前后这两类方式相同。实际上两者虽属相近，却不相同。第一类方式是自然的(人们凭借天赋的能力以觅取生活的必需品)，后者是不合乎自然的，这不过是人们凭借某些经验和技巧以觅取某种(非必需品的)财富而已。

——《政治学》43 页

我们所有的财物，每一件都可有两种用途。财物是同一财物，但应用的方式有别，其一就是按照每一种财物的本分而正当的使用，另一则是不正当的使用。以鞋为例：同样是使用这双鞋，有的用来穿在脚上，有的则用来交易。那位把鞋交给正在需要穿鞋的人，以换取他的金钱或食物，固然也是在使用"鞋之所以为鞋"，但这总不是鞋的正用，因为制鞋的原意（是为了自己要穿），不是为了交换。其他一切财物的情况相同，都可以兼作易货之用。

——《政治学》48 页

从前的人们各自所有的物品，或者太少或者太多，因此以有余换不足，"交易"（物物交换以适应相互的需要）是自然地发展起来的。我们随后看到的"贩卖"（收购他人的财物，继而把它出售给另外一些人，以牟取利润）已是致富技术中不合乎自然的一个部分了。依照自然原则，交易双方如果已经满足了各自的需要，就应该停止交换（不进行无限制的牟利贩卖）。

——《政治学》53 页

在社会团体的初级形式中，即家庭中，全家人共同使用一切财物，交易技术显然是不需要的。后来团体扩大（成为村坊），交易行为就可能发生；一个村坊由各个部分（家庭）组合起来，每一部分（家庭）所有财物的种类和数量各不相同，这样，有时就需要进行交易——物物交换，在野蛮部落（民族）中，迄今仍然流行着：他们用酒换麦或用麦换酒，或用其他类似的生活必需品换取另一些必需品，交易进行到相互满足生活要求为度，两方都直接以物易物（在交易之间，货币是没有的）。

这样的交易既然不是获得金钱的致富方法，那就不是违反自然的。这种简单的交易的继续发展，我们就可料想到它会演变而成比较繁复的另一种致富的方法。

——《政治学》49 页

一地的居民依赖于别处居民的货物，于是人们从别处输入本地所缺的货物，而为了抵偿这些输入，他们也得输出自己多余的产品（人们逐渐需要作远距离的交易）：于是作为中间媒介的"钱币"就应运而生了。

——《政治学》57 页

　　钱币制度的来历是这样的：凡生活必需品往往是笨重而难于运输的，因此大家都希望有某种本身既有用而又便于携带的货物作为交售余物及购取所缺货物的中介货物。于是，人们发现铁、银以及类似的金属合乎这种要求。

——《政治学》57 页

　　起初这些金属凭大小轻重来计值，后来，为了免除大家分别秤量的烦劳，每块已经秤量的金属就各个加上烙印，由这种烙印表明其价值。币制出现以后，随着交易方法的变迁，就引致（以牟利为目的的）"贩卖"，而贩卖就成为另一种获得财富（钱币）的技术。

　　起初，贩卖还是不复杂的（钱币只用作计量单位，本业仍旧以交换物品为目的）；这样进行了好久以后，贩卖商积累经验越多而操筹益精，他们发现了在物品供求两方之间如何获取最大利润的方法。财富观念从物品转向钱币，人们因此想到致富的途径就是聚敛钱币，大家由此竟然认为以钱币作中介的贸易会产生钱币，而积储的这些钱币正是财富了。

——《政治学》58 页

　　人们曾经提出这样的观念，他们认为钱币只是一种虚拟的物品，其流行有赖于习俗的信用。附和这种思想的人竭力主张，币制依于一时的共信，是不合乎自然的；倘使惯用某种钱币的人们一旦改信另一种钱币，那么原来通行的钱币就会失去其价值而买不到任何生活必需品了。

——《政治学》54 页

富有余钱的人的确常常有乏食之虞，寓言中的米达斯，贪婪地祈求获得点金的本领，但在如愿以偿的时候，凡是他所触及的物品全都成了不堪食用的金质。以此为鉴，那么，重视这种"人们拥有许多而终于不免饿死"的金钱为财富，实际是荒唐的观念。

根据这些观念，鄙薄钱币的人们就企图对财富和致富方法觅取相异的解释，他们这种想法是正当的；自然财富和致富方法确实有异于上面的说法。获得财富的自然方法和家务管理相适应（以寻求一切生活资料为主）；而另一种从事在货物交换之间，贩卖致富的方法则以寻求并积储金钱为主。后一种方法完全依靠金钱的权威；金钱是交易的要素，也是交易的目的。

——《政治学》49 页

获得财富的技术：一方面，……企图由贩卖致富的人们在求取上面所涉及的那种虚拟的财富，即钱币，是没有限度的。另一方面，致富技术要是纳入家务管理范围以内，就应该有限度；家务管理的功能（主要在于必要数量的生活所需）不追求无限度的非必要财富。一切财富倘使从生活方面着想就显见得各有限度。然而世上竟反其道而行，从事发财的人们正在无止境地努力聚敛他们的钱币。

——《政治学》61 页

因为致富的两个不同方式颇相接近，……他们都致力于获得财富，所运用的手段也相同，但所求的目的不同，这就各自趋于不同的途径，其一便是专以聚敛财富（金钱）为能事，其二却为生活而从事于觅取有限的物资。在两个方式互混时，人们往往误认为家务管理的目的就是聚敛；其执迷者信奉钱币就是真正的财富，而人生的目的在于保持其积累的财富，或无止境地增多其钱币。人们之所以产生这种心理，实际上是由于他们只知重视生活而不知何者才是优良生活的缘故；生活的欲望既无穷尽，他们就想像一切满足生活欲望的事物也无穷尽。又有些人虽已有心向往"优良"（道德）生活，却仍旧不能忘情于物质的快乐，知道物质快乐需要有财货为之供应，于是熟悉致富技术，而投身于赚钱的事业。

——《政治学》61—62 页

由于人生的快乐有赖于充分的物质供应，人们就尽心竭力于取得这些物质供应的技术；倘使凭借一门致富技术还不能完全如愿地达到目的，他们就把一切才德（职能）及反乎自然的正道应用到致富这一目的上。譬如勇敢，原来是用以使人们品格坚毅，并不是为了赚钱而培养起来的品德。军事技术和医疗技术亦然，两者的职责都不是为了赚钱；军事技术在于取得战争的胜利，医疗技术在于使人健康。但我们现在所提到的那些人却把一切才德完全应用于致富技术，似乎培养勇德的本意就在于教育人勇于赚钱，学习军事或医疗技术就在于利用胜利或健康来取得财富，世间一切事业归根到底都无非在于致富，而致富恰正是人生的终极目标。

——《政治学》48 页

获得财富的技术是家务管理者和政治家（城邦管理者）的范围，或者这种技术超出了他们的本业，他们的本业就只是应用财产（至于财产的如何获得就不需要由他们来操心），持有后一主张的人还可以有所申述，政治家虽然在经营人类团体的业务，却并不制造人类；自然创生了人类并给他们设置了陆地、海洋及其他种种，以供应其生活资料。

家主只需在这个阶段上，就自然所供应的范围内运用一切现成的事物。以织工为例，织工的本分不在于制造兽毛，而仅仅在于应用兽毛，他应该辨识毛的质量，哪些适于纺织，哪些不适于纺织。

——《政治学》48 页

家庭或城邦中每一分子的健康，……这就应该是医师的本分，而不是家主或政治家的本分。关于财富问题也相类似，在一个意义上说，获得财富也是家主的业务；但在另一意义上说，这就不是他的本分，而是家务管理技术中的一个环节。一般说来，财富是在进行管理家务之先，早已预备好了的。自然对于每一诞生的动物安排了维持其生命的资料；对于动物初生的子息（在尚未能自行觅食的时期）配置着足够的营养资料，这就可见自然的意旨了。所以在致富的各种方法中获取籽实（农作）和狩集动物（渔猎、畜牧）的方式总是合乎自然的。

——《政治学》50 页

治产（致富）有两种方式，一种是同家务管理有关系的部分（农、牧、渔、猎），另一种是指有关贩卖的技术（经商）。就这两种方式说，前者顺乎自然地由植物和动物取得财富，事属必需，这是可以称道的；后者在交易中谋求他人的财货以牟取自己的利益，这不合自然而是应该受到指责的。至于"钱贷"（由贩卖发展起来的致富的极端方式）则更加可憎，人们都厌恶放债是有理由的，这种行业不再从交易过程中牟利，而是从作为交易的中介的钱币身上取得私利。

——《政治学》53 页

贩卖脱离了物物交换的原意，钱贷又脱离了贩卖。为了交易的方便，人们引用了货币，而钱商竟然强使金钱（做父亲）进行增殖。这里显示了希腊人惯用的"子息"，如今本钱诞生子钱，所谓"利息"正是"钱币所生的钱币"。我们可以由此认识到，在致富的各种方法中，钱贷确实是最不合乎自然的。

——《政治学》51 页

关于致富技术的原理，我们业已充分讨论过了，现在要叙述实际运用的情况。……现在实际上应用的各种致富方法是：第一，畜牧的经验——我们要知道各种家畜，例如马或牛或羊或其他，哪些品种最为优良，在何处饲养才能获得最多的利益。只有经验才能积累有关畜牧的知识而辨别畜种的优劣，并给它们选择合适的牧场，某些品种在某些地方饲育就繁盛而获利，另一些品种则须在别的地方饲育……第二，说到交易，首先应该提及商业，这是交易技术中最重要的部门，商业包括三项手续，船舶供应、购货及运载和商品的陈列及出售——这些业务或是比较安全，或是利润较大，各个不同。交易的第二部分就是贷钱取利(放款生息)，第三部分则是雇佣制度(人工交易)。……致富技术的第三种方式是以上两种方式的中间体，包含自然方式和交易方式的各种要素。

——《政治学》56 页

曾经有一个赚钱的故事讲到米利都人泰利斯，因为泰利斯以智慧闻名于世，这个故事就归属到他的名下。这个特殊的赚钱方法是可以普遍应用的。世人曾经轻侮泰利斯以哲学见称而贫困得几乎难以自给，讥笑哲学并非救贫的学问。

某年冬，他凭星象学预测明年夏天油榄树将获丰收，于是把自己所有的资金，完全交给启沃岛和米利都城的各油坊作为定金，租得了各油坊的榨油设备；这时谁都不去同他竞争，所定的租金很低。收获季节来临，需要榨油的人一时纷纷到各油坊，谁都愿意按他的要求高额支付榨油设备的租金。他由此获得大量金钱，向世人证明哲学家不难致富，只是他的志向却不在金钱。这个故事的本意在于显示泰利斯的智慧，恰好也因此说明了造成垄断的方法——这种原理可以普遍应用于致富的各个途径。

——《政治学》66 页

有些政治家的政绩就专以理财而成名。

——《政治学》63 页

按照当今的习俗，妇孺分别归属在各个家庭，就现行一般政体而论，我们也可以提出财产制度这个问题：财产的管属和应用都应归公？（或它的一部分归私另一部分归公）这里可以有三种制度。(1)土地区划为丘亩，各归私有，收获物则送储公仓而共同食用：有些野蛮部落的农作制度就是这样的。(2)反之，土地完全归公有并共同耕耘，而收获物分配给个人，由各家自己食用：另外一些野蛮民族就通行这第二种方式。(3)土地和收获都归公有。在土地（公有）问题上，所有者和耕作者如果不是同一个人（例如田主用奴隶来耕作），这是比较容易处理的；与此相异，对于自耕的农民，财产所有权常常会引起重大的纠纷。

——《政治学》75 页

自耕的农民如果在劳动和报酬之间不得其平，则多劳而少得的人就将埋怨少劳而多得的人。人类在各种场合，作为伙伴而共同作业和生活，一般是不容易的，在涉及财产时尤其会产生许多苦恼。搭帮旅行的客人就可举以为例，他们常常在途中为一些细故而吵闹，每天都不免惹起一些无谓的啰唆。还有，我们的婢仆也可作为例子，同主人日常接触最多的婢仆总是要遭逢诟骂的。

这里所举的纠纷只是财产公有制度中无数纠纷的一两个例子而已。接受现行的（私有）制度而在良好的礼俗上和在正当的法规上加以改善，就能远为优胜，这就可以兼顾公有和私有两者的利益。财产可以在某一方面（在应用时）归公，一般而论则应属私有。划清了各人所有利益的范围，人们相互间争吵的根源就会消除；各人注意自己范围以内的事业，各家的境况也就可以改进了。在这种制度下，以道德风尚督促各人，对财物作有利于大众的使用，这种博济的精神就表示在这一句谚语中："朋友的财物就是共同的财物"。

——《政治学》75 页

拉栖第蒙（斯巴达）人，对于朋友所有的奴隶或狗马都可以像自己的一样使唤；人们在旅途中，如果粮食缺乏，他们可以在乡间任何一家的庄园中得到食宿。由上所述，已可见到"产业私有而财物公用"是比较妥善的财产制度，立法创制者的主要功能就应该力图使人民性情适应于这样的慷慨观念。此外，在财产问题上我们也得考虑到人生的快乐和品德这方面。某一事物被认为是你自己的事物，这在感情上就发生巨大的作用。人人都爱自己，而自爱出于天赋，并不是偶发的冲动，人们对于自己的所有物感觉爱好和快意，实际上是自爱的延伸。

——《政治学》71 页

自私固然应该受到谴责，但所谴责的不是自爱的本性而是那超过限度的私意，——譬如我们鄙薄爱钱的人就只因为他过度的贪财——实际上每个人总是多少喜爱这些事物（自己以及财货或金钱）的。人们在施舍的时候，对朋友、宾客或伙伴有所资助后，会感到无上的欣悦；而这只有在财产私有的体系中才能发扬这种乐善的仁心。在体制过度统一了的城邦中，不但这种自爱及爱人的愉快不可复得，还有另两种品德也将显然跟着消失。……而宽宏（慷慨）的品德都是在财物方面表现出来的。因为宽宏必须有财产可以运用，在一切归公了的城邦中，人们就没法做出一件慷慨的行为，谁都不再表现施济的善心。

——《政治学》71 页

人们听到财产公有以后，深信人人都是各人的至亲好友，并为那无边的情谊而欢呼，大家听到现世的种种罪恶，比如违反契约而行使欺诈和伪证的财物诉讼，以及谄媚富豪等都被指斥为源于私产制度，更加感到高兴。实际上，所有这些罪恶都是源于人类的罪恶本性。即使实行公产制度也无法为之补救。那些财产尚未区分而且参加共同管理的人们之间比执管私产的人们之间的纠纷实际上只会更多——但当今绝大多数的人都生活在私产制度下，在公产制度中生活的人却为数很少，于是我们因少见那一部分的罪恶，就将罪恶完全归于私产制度了。

——《政治学》78 页

分　配

"产业私有而财物公有"是比较妥善的财产制度。

——《政治学》55 页

财产可以在某一方面（在应用时）归公，一般而论则应属私有；划清了各人所有利益的范围，人们相互间争吵的根源就会消除，各人注意自己范围以内的事业，各家的境况也就可以改进了。

——《政治学》54 页

凡是属于大多数人的公共事物是最少受人照顾的事物，人们关怀着自己的所有，而忽视公共的事物，对于公共的一切，他至多只留心到其中对他个人多少有些相关的事物。人们要是认为某一事物已有别人在执管，他就不再去注意了，在他自己看来，这不是他对那一事物的疏忽。

——《政治学》48 页

财富联系于少数，而多数则同贫穷结合。

——《政治学》155 页

贫富耳，一为鄙贱之来源，一为奢侈之原因，而其使人退化则同也。

——《理想国》卷 2，60 页

其 他 篇

实 体

"实体"主要有以下几种含义：其一，是指单纯的物体，如土、火、水等类似物体，以及由这类单纯物体所构成的事物，包括动物与精灵及它们的各个部分。它们之所以被称为本体，是因为它们不会被用来说明其他事物，而是其他事物要说明它们；其二，是指那些内在于前一种事物中的并能够使事物存在的原因，如灵魂是动物存在的原因；其三，是指存在于事物内部并对事物起规定性作用及标志性作用的某个或某些部分，如线对于平面来说就是不可或缺的，并使其能够成为线的构成部分；其四，是指所以是的是，其原理即是定义。

——《形而上学》51—52 页

一般说来，实体具有两种意义：一是作为事物的最终载体，无需其他事物为它作出说明；二是作为个体，可以分离并独立存在，在这里主要是指各种独立的形状或形式。

——《形而上学》52 页

实体至少有四种具体含义——所以是的是、普遍、种属、载体。这里尤其需要对载体作出解释，因为载体本身并不用来陈述其他事物，而其他事物却需要陈述载体。从这样的意义上来说，事物的原始载体是最有资格被称为实体的，因此，对于实体是什么的研究我们应首先从载体的研究开始。

——《形而上学》72 页

质料或形状或它们的组合物都认为是载体，如构成雕像的青铜是质料，形式的图形是形状，而二者的组合物就是雕像。如果说形式必定先于质料存在，那么同理，它也先于二者的组合物。

——《形而上学》72 页

实体是哲学研究的主题，哲学主要就是研究实体的本原与原因。如果把宇宙作为一个整体来看，那么实体就是这个整体的最初部分；如果这个整体是由许多部分串起来的，实体在其中的顺序也是第一，然后才依次是性质、数量。性质和数量并非完整意义上的存在，它们都只能算作实体的属性和运动。

——《形而上学》127 页

如果万物既是实体又是数量又是性质，那么，不管这些存在是否彼此互相分离着，存在都是多个。如果万物都是数量，或者都是性质，那么是否有实体存在呢？这种主张是荒谬的，如果可以把不可能叫作荒谬的话。因为除了实体以外没有别的范畴能独立存在，所有别的范畴都被认为只是实体的宾词。

——《物理学》18 页

实体之外的其他范畴都不能独立存在。古代的哲学家们早就已经在探索实体的本原、元素和原因了，他们把火、土等个别的事物作为实体的本原，而现代的思想家们则习惯于把实体和普遍联系起来，认为普遍更应该是实体，比如说种。

——《形而上学》127 页

实体，就其最真正的、第一性的、最确切的意义而言，乃是那既不可以用来述说一个主体又不存在一个主体里面的东西，例如某一个别的人或某匹马。但是在第二性的意义之下作为属而包含着第一性实体的那些东西也被称为实体；还有那些作为种包含着属的东西也被称为实体。例如，个别的人是被包含在"人"这个属里面的，而"动物"又是这个属所隶属的种；因此这些东西——就是说"人"这个属和"动物"这个种——就被称为第二性实体。

——《范畴篇 解释篇》12 页

实体有以下几种：一种是可感觉的实体。它又可以分为永恒实体和可消灭实体，其中可消灭实体的元素是我们的研究中不可或缺的内容。另一种是不运动实体，有人认为这类实体可以独立存在，有人把它分为两种，即形式与数学对象，有人则认为只有数学对象才是不运动实体。

——《形而上学》127－128 页

实体的部分看起来好像是存在于作为它们的主体的整体里面，这个事实不应该使我们犹豫，以为这些部分恐怕应该不被当作是实体；因为，在解释"存在于一个主体里面"这句话的意思时，我们说它的意思是"并非像部分存在于整体里面那样的存在"。

——《范畴篇 解释篇》16 页

通常认为，实体就是那些实物。一般来说，动物、植物及其构成部分都可以是实体，火、水、土一类自然实物以及其他由它们构成的实物的整体或部分，也是实体。如宇宙是实体，而其各个部分，如日月星辰也是实体。

——《形而上学》70 页

什么是所以是的是？它是某种就自身而言的东西。任何一种事物的所以是的是，都是因为它自身。如你为什么能成为你，不是由于你是文明的，因为文明不能使你成为你，而你之所以能成为你，是你自身使你能成为你。但应当注意，并不是所有你自身的东西都是本质上的东西。

——《形而上学》78 页

　　只有实体才有定义。如果一定要让其他范畴也有定义的话，就必须增加某种成分予以说明。在这增加的成分中，就会出现同一事物被说两次的情况。如果说扁鼻子和塌鼻子不一样，那么脱离了自身性质而为扁平的事物，就无所谓扁鼻。

——《形而上学》75 页

　　假如存在既是实体又是数量的话，它就是两个而非一个了；如果它仅是实体，那就不能是无限的了，也根本不能有大小，因为大小就是一个数量。

——《物理学》16 页

　　所有的实体看起来都表示"某一个东西"。在第一性实体里，无可争辩地是真的，因为所表示的那个东西是一个单一性的东西。在第二性实体那里，例如当我们说及"人"或"动物"时，我们的语言方式也给人一个印象，使人认为我们此处也是指"某一个东西"，但严格地说这并非是真的。

——《范畴篇　解释篇》17 页

　　实体的变化是一种纯粹的生成或消灭，性质的变化是根本的改变，数量的变化是增加和减少，地点的变化是位移，这四种变化都是一种向着相反方向的变化。

——《形而上学》128 页

　　事物的生成有三种方式，一是自然生成，二是人工生成，三是自发生成。每一个事物的生成要么是由某物所生，要么是出于某物，要么是成为某物。这里我们所说的某物主要有以下指向："个体"，或是量，或是质，或是某个地点。

——《形而上学》73 页

　　实体的最突出的标志似乎是：在保持数量上的同一性的同时，实体却能够容许有相反的性质。从实体以外的东西里面，我们却不能够举出任何具有这个标志的东西。例如，同一颜色不能既是白的又是黑的。同一个行为也不能既是善的又是恶的：这条规律适用于不是实体的一切东西。

——《范畴篇　解释篇》8 页

　　总括起来说，实体有一个显著的标志，就是在保持着自身在数量上的同一性的同时，它却能够容许有相反的性质，而这种改变的发生乃是由于实体本身里面的变化。

——《范畴篇　解释篇》20 页

　　每一个实体都是由和它名称相同的事物生成，从而成为存在的。事物的生成和存在或者出于自然，或者出于机遇，或者出于自发。

——《形而上学》129 页

　　所谓自然生成，就是指事物由自然创造出来。由自然生成的事物出于质料。由某种自然物生成，所生成的事物是人或者植物等实体。

一般说来，事物在生成之时，自然或本性也随之产生，由这些事物所生成的事物与它们自身具有形式上的同一性，如人所生的也是人。

——《形而上学》79 页

制作既不是对于事物质料的制作，也不是对于事物形式的制作。这就像青铜作为质料是不可能被制作出来的，而球形作为形式也是不可能被制作出来的。简而言之，事物的制作只是从载体的意义上将其制作出来。制作出来的生成物，一般都可以被分解为里面的质料和外面的形式，而反过来说，这两者的结合就是制作出来的生成物。

——《形而上学》89 页

为什么有些事物，如健康，可以由技术产生，还可以自发生成，而有些事物，如房屋则不能这样生成。这是因为，生成事物的质料中包含了事物的部分，而这些部分中有的具有自己运动的能力，有的却没有。有些事物虽然可以自己运动，但其运动方式也会有差异，如有的可以做某种特殊运动如跳舞，有的则不能。

——《形而上学》103 页

那些被当作是实体的事物大多都是潜在物，如动物的各个部分，以及土、火、气等。这是因为在这些东西没有组成整体以前，都不过是一些集合物，是不能够自己成为一个整体的。人们常常会认为，生物的各个部分与灵魂的各个部分都既可以现实的存在，也可以是潜在的存在，它们之间有某种运动的本源连接着。但事实上，当这些部分组合成一个自然延续的整体时，它们都只能算作潜在的存在。

——《形而上学》81 页

如果说形式的确可以作为实体，那么从一方面来看，主张形式能够独立存在是对的，但从另一方面来看，说形式是在众多之上的单一就是错的。因为这些形式主张者们说不清楚在可感觉事物的个体之外，那些独立存在着的不可消灭的实体究竟是什么样的实体。

——《形而上学》84 页

实体有三种：一是质料，二是自然本性，三是由前两种组合而成的个体事物。在很多情况下，形式不能脱离组合实体独立存在，而形式能脱离实体存在一般只有在自然物中才可能发生。

——《形而上学》129 页

数　量

数量或者是分离的，或者是连续的。再者，有些数量在其整体的各部分之间有着一种位置上的一定关系；有些数量在其内部各部分之间却没有这种关系。

分离的数量的例子如数目和语言；连续的数量的例子如线、面、立体，此外还有时间和空间。

——《范畴篇　解释篇》21 页

显然语言是一个数量，因为语言是以长音节和短音节来测量的。此处我所指的是有声语言。再者，语言是一种分离的数量，因为它的部分与部分之间并没有共同的边界，即没有把音节与音节连接起来的共同边界；每个音节和其他的音节总是分开着的、显然不同的。

——《范畴篇　解释篇》18 页

数以及单位各自在数量或性质上是否存在差异呢？数在数量上自

然是有差异的，而如果据此认为单位也有数量上的差异，似乎又不大可能。假设单位的确在数量上存在差异，那么即使具有同样多的单位的两个数也会在数量上有差异。

——《形而上学》146 页

"量"是指所有的事物都可以分解为两个或两个以上的组成部分，这些分解出来的每一个部分，在本性上各是一个个体。可以计数的量，就是众多；可以度量的量，就是大小。众多可以分解为不连续的部分，大小则可以分解为连续的部分。大小向一个方向连续的是长度，向两个方向连续的是宽度，向三个方向连续的是高度。众多的有限体现为数，长度的有限体现为线，宽度的有限体现为平面，高度的有限体现为立体。

——《形而上学》56 页

有些事物被称为"量"是就其自身而言的，有些事物被称为"量"则是就其偶然性而言的。如线被称为"量"是就其自身而言的，文明被称为"量"是就其偶然性而言的。就自身而言被称为"量"的事物中，有的是基于实体，如线；有的则是基于实体的某种性质和状态，如多少、长短等。此外，大与小、较大与较小，无论是从它们自身的角度而言，还是从它们的相互关系而言，都是量就其自身而言的偶然性。这些名称也可用于其他事物。

——《形而上学》56 页

线是一个连续的数量，因为能够找到把它的部分与部分相连起来的共同边界。

——《范畴篇　解释篇》21 页

数量或者由彼此有位置上的一定关系的部分所构成，或者由彼此没有位置上的一定关系的部分所构成。

——《范畴篇　解释篇》13 页

　　由数是分离存在的必然得出，数应当是无限或是有限的。但很显然，数不可能是无限的，因为无限数既不是奇数也不是偶数，而数一经生成则必定要么是奇数要么是偶数。而且，如果一个理念有相对应的事物，而数就是理念，那么无限数本身也一定是某事物的理念。

——《形而上学》123 页

　　各个数之间是不可接触的，在二与三的单位之间都没有什么居间者，那么它们和一是否也像这样紧密相连？紧挨着一的应是二还是二中的某个单位？

——《形而上学》147 页

　　存在于数目以后的那些事物，如线、面、体等也有同样的疑问。有些人认为这些事物都是出自大和小的形式，如线由长短制成，面由宽窄制成，体由高低制成，这些都是大与小的形式。

——《形而上学》147 页

　　数和大小是不可能脱离事物而独立存在的。关于数的各种不同的观点都有错误之处。那些认为只有数学对象才能脱离可感觉事物而存在的人，也发现了理念的虚幻性及其所导致的理论上的困境，所以他们放弃了理念数而把目光投向了数学数。

——《形而上学》150 页

　　任何其他被称为数量的东西，只是在第二性的意义之下才是一个数量。只是因为我们脑子里面想着这些正当地被称为数量的东西之一时，我们才把数量的语词应用在其他的东西上面。

——《范畴篇　解释篇》22 页

数量没有相反者。对于确定的数量，这是很显然的；例如，就没有什么是"二丘比特长"或"三丘比特长"的相反者，也没有什么是一个表面或任何这类数量的相反者。有人也许可以争辩着说："多"与"少"相反，"大"与"小"相反。但这些东西不是数量方面的，而是关系方面的（即相对者）；事物就本身而言并非绝对是大的或小的，它们之所以被称为大的或小的应当说是由于一种比较的结果。

——《范畴篇　解释篇》19 页

由于偶性被称为"量"的事物中，有些是由于它所依据的事物是量，有些则是在运动与时间上成为量。后者被认为是可连续且可分解的。它们在这里不是指被运动的事物，而是指事物运动所发生的空间。空间是量，所以运动也应当是量，所以时间也应当是量。

——《形而上学》56 页

数量好像不容许有程度的不同。一个东西不能够比另一个东西在更大的程度上是"二丘比特长"。关于数目也是一样："三"之为三并不超过"五"之为五；三个东西比另外三个东西并不更是三个东西。……同样地，在所有刚才提过的那些数量中间，没有另外一种数量能够容许被称为有程度上的不同。所以，数量的范畴是不容许有程度的不同的。

——《范畴篇　解释篇》25 页

数量最凸出的标志是它可以被称为相等的或不等的。上面所说的数量中的每一个，都可以称为相等的或不相等的。例如，一个立体被称为等于或不等于另一个立体；数目和时间也能够容许这些字眼用在它们身上，事实上所有被提到的各种数量都能够这样。

不是数量的东西，看起来就绝对不能够被称为等于或不等于别的任何东西。某一种状态或某一种性质，例如白色，就绝不能拿来与另一种状态或另一种性质比较其相等或不相等，而只能比较其类似与否。由此可见，能够被称为相等或不相等，乃是数量最突出的标志。

——《范畴篇　解释篇》31 页

承认数的理念并将其与数等同的人们，在阐释个别事物时，又在众多之外提出某种单一，并努力说明其存在方式。然而这是徒劳无益的。

——《形而上学》154－155 页

必须相对每个事物设定一种潜在方式的存在。因为，以潜在方式存在着的某物是这个实体，而不是就自身而言的存在。更为重要的是，要探索实体为何是众多，性质为何是众多，以及存在着的东西为何是众多，或是实体，或是属性，或是相关。进一步而言，如果这个和数量不是相同的东西，就不能说明那些存在着的东西怎样并且为什么是众多的，而只能说明数量怎样是众多的。

——《形而上学》148 页

人们认为，奇数不是生成的，而偶数是生成的，因为偶数是由不等造成的，即是大和小平均的结果。不均等性是永远存在的东西，先在于均等，并依存于其自身了。

——《形而上学》155 页

数到底是怎样的呢？由某物而存在的东西，或被包含于其中，或不被包含于其中。只有那些由某物生成的东西，才是寓于其中的。还有人把一当作多的相反者，或一当作相等而与不等相反，总而言之把数看作出于相反者。

——《形而上学》157 页

不论是易于计算的混合而成的数，还是奇数，总之，数对于那些来自数的东西具有特别的好处。还有，混合物的比例是在数的相关中，而不是在数中。

——《形而上学》157 页

本　原

"本原"主要有六个含义：其一，是指事物运动的始点，如每段线或每条路在其一端都有个开始之点；其二，是指事物的最合适的生成点，如我们对于某本书的学习有时并不一定要从开头入手，而是从最容易入门的那一段学起；其三，是指事物内在的基本部分，如船的船梁，屋的基石，动物的心或脑及其他类似部分；其四，是指某种东西，事物的生成及运动变化都来自于它，而它又存在于事物之外，如婴儿来自于其父母，争斗导致战争的发生；其五，是指因其意旨可导致运动变化的某种事物，如城邦的掌权者等。在这个意义上，技术也可以被称为本原，尤其是建筑技术；其六，是指事物能够被认识的基础，如前提条件就是证明的本原。

——《形而上学》45 页

本原是事物的本性，也是事物的元素、思想、意图、实体和目的。善和美往往是许多事物发生运动变化以及认识这些事物的本原。

——《形而上学》45 页

如果一种研究的对象具有本原、原因或元素，只有认识了这些本原、原因和元素，才是知道了或者说了解了这门科学——因为我们只有在认识了它的本因、本原直至元素时，我们才认为是了解了这一事物了。

——《物理学》15 页

对我们来说明白易知的，起初是一些未经分析的整体事物。而元素和本原，是在从这些整体事物里把它们分析出来以后才为人们所认识的。

——《物理学》15 页

关于善以及善到底原本是如此，还是后来生成的？在有神论者看来，只有事物的本性进步时，才能显现出来善和美。这种观点回避了坚持单一是本原所带来的困境，即不对单一赋予善的属性，而把一当作一种作为元素的本原，而从派生出数来。

——《形而上学》156 页

哲学就是这样一种科学，它是关于事物最初本原和原因的科学，属于思辨科学的范畴。

——《形而上学》15 页

必然有一个或多个本原。如果只有一个的话，那么这个本原若非不变的(如巴门尼德和麦里梭所主张的)就是可变的(如自然哲学家们主张的，他们之中有人说空气是第一本原，有人说水是第一本原)；如果有多个本原的话，那么，其数目不是有限的就是无限的。假设本原为数是有限的，那么纵然是多个，也必然是两个、三个、四个或其他某一数。假设本原为数是无限的，那它们就或如德谟克利特所认为的，虽然于形式或种是不同的，但是属于同一类；或者不但不同类，甚至还是对立的。

——《物理学》16 页

显然，的确存在着某种本原。这种本原既不能不受限制地导出事物，也不能有无数个种类。我们不能不无休止地追溯事物的质料原因，也不能追根究底地寻求事物运动的原因。

——《形而上学》14 页

研究"存在只有一个且是不变的"这一说法不是自然科学的课题。恰如同否认有几何学原理的人去争论，这不是几何学的课题，而是另外的一门学科或各门学科共有的课题了。研究本原的人也不必去和否认有本原的人去争论这个问题。因为如果本原仅有一个，且是不变的，那它就不能称其为本原了。因为，所谓本原必须是特别的某事物或某些事物的本原。因此，讨论本原是否只有不变的一个这个问题也像讨论仅仅是为了争论而提出来的其他命题一样。

——《物理学》16—17 页

如果本原都是普遍的，那么出于这个本原的各种实体也应当是普遍的，或者不是实体的某种事物将先于实体存在。因为普遍不是实体，而元素或本原却是普遍的。

——《形而上学》151 页

既是本原就应该不是相互产生的，也不是由别的事物产生的，而是应该万物皆由它产生。在"原初对立"这个名称里包含了这些条件。——因为它们是"原初"的，就不是由别的事物产生，因为它们是对立的，就不是彼此互相产生。

——《物理学》28 页

既然本原为数应是有限的，就有理由假定不止两个。因为（1）没有见到过例如"密"以任何方式作用于"稀"或"稀"作用于"密"。任何别的对立也是如此，如，"爱"就不能把"憎"引到一处并使它变成某物……并且（2）有些学者已经提出了多个这样构成自然万物的本原。此外，（3）如果不提出一个另外的事物作对立的基础，还会遇到以下的困难：我们从未看到过对立本身构成任何事物的实体，而且，既是本原就不应该是某一主辞的宾词（否则就会有一个本原的本原了，因为主辞是一个本原，并且被认为是先于宾词的）。再者，（4）我们认为也没有什么和实体对立的实体。

——《物理学》32 页

所有的知识都是对普遍的认识，事物的本原是普遍的而不是独立的实体，就产生了一个最大的难题。

——《形而上学》151 页

人们全都认为本原是包括静止的实体在内的对立物，这是不对的。事实上，一切事物的本原都不允许有先在的东西。例如，主体是先在的东西，而且万物都从对立物中生成，这些对立物中又必然有着载体，即全部对立物都永远依存于载体之中。因此，可以说，对立物一定不是万物的本原，本原另有其所在。

——《形而上学》153 页

所有的学者都提出了对立作为本原，其中包括了主张"万物是一且是不动的"人们（如巴门尼德也提出了冷和热作为本原，他把它们叫作土和火），也包括了主张稀和密是本原的人们。还有德谟克利特，他主张实和空是本原，他把前者作为存在，后者作为非存在；他还认为原子的位置、形状、次序这些类的种也有对立：位置有上和下，前和后，形状有角、直、曲。

——《物理学》28 页

如果认为对立是本原，并且对立需要一个基础，这两个结论是正确的，那么，如果要坚持这两条，就必须提出一个第三者作为基础。就和有些人主张万物是某一自然物，如水、土、气和水都包含有对立。因此，有些人认为基础物体不是这四个元素，是不无道理的。可是有些人把气当作别的事物的本原，因为气和别的事物比起来感觉上的差异最小，其次就是水。

——《物理学》32 页

性　质

"性质"的意思是指人们所借以被称为如此等等的那种东西。性质一词有多种意义。有一种性质我们可称为"习惯"或"状态"。习惯之不同于状态，在于它是较为持久和较为稳定的。各种知识和各种德性都是习惯；因为即使一个人所获的知识不多，大家都公认它也是有持久的性质而难于除掉的，除非由于疾病或类似的原因而发生了一种巨大的精神上的震动。德性也是这样，像正直、克己等等不是容易被逐开赶走、使之让位给恶行的。

——《范畴篇　解释篇》33—34 页

同样地，灵魂也有影响的性质，一个人生下来就具有的、以某种根深蒂固的影响为其根源的一种性情，我们称之为一种性质。我的意思是指像疯狂的人或易怒的人。同样地，那些不是天生的，但是由某些其他因素的并存而产生、并且难于去掉或根本就称为不变的反常的精神状态，我们也称之为性质，因为根据它们，人们就被称为是这样的人或那样的人。

——《范畴篇　解释篇》56 页

另外一种性质是这样的一种东西：由于它，我们说某某人是善击拳者或善跑者，或某某是健康的人、是多病的人。事实上，它包括所有指天生无能的那些语词。这些东西不是根据一个人所处的状态而是根据他天生的能干或无能，即根据他能否容易地干某件事或避免某种失败而被用来述说他的。

——《范畴篇　解释篇》34 页

"影响的性质"一词，不是用来表示说那些容纳了这些性质的东西遭受了某种影响。蜜不是因为它以某种特殊方式遭受了影响而被称为甜的；在任何其他例子中也不是这个意思。同样地，热和冷被称为影响的性质，不是因为那些能容纳它们的东西受了影响。真正的意思是说所举的这些性质能够产生一种以知觉为其方式的"影响"。因为甜有一种影响味觉的能力，热有影响触觉的能力。这类性质的其他各种也都如此。

——《范畴篇　解释篇》42 页

一件东西因为它是三角形的或四角形的，就被称为具有某种特质，或者，如果它是直的或曲的，就被称为具有直或曲的特质；事实上一个东西的形状在每一个场合都引起对这个东西的一种性质的规定。

——《范畴篇　解释篇》37 页

疏和密，粗和滑似乎是表示性质的语词；但这些东西好像应当属于与性质不同的一类。因为这些语词的每一个所表示的，不如说是被这样形容了的那个东西的各组成部分是彼此紧密结合着的；一个东西是疏松的，因为它们各部分之间有空隙；是光滑的，因为，譬如说，它的各部分是平摆着的；是粗糙的，因为有些部分凸出于其他部分之外。

——《范畴篇　解释篇》37 页

有些场合，在那里由于被考察的性质并没有一个名称，因此就不可能使那些具有该性质的东西有一个转成语作为自己的名称。例如，有些人根据一种天生的才干而获得的善跑者、善击拳者等等称号，就不是从任何一种性质引申出来的；因为人们并没有指定名称给这些才干(正是由于具有这些才干，人们才被称为是这样或那样的人)。在这方面，各门技能的知识就有所不同了(各门知识是有名称的)。

——《范畴篇　解释篇》38 页

有的时候，即使某种性质有一个名称，但从这种性质获得自己的特性的东西，却有着一个并非转成语的名称。例如，正人君子是由于具有德性这个性质而获得他的名称的，但所给予他的这个名称却不是从"德性"这个字引申出来的。不过这种情形并不常常发生。因此，我们可以说，那些从上面所举的性质的名称引申出自己的名称或者以别种方式依靠着它的东西，就被称为具有某种特殊性质。

——《范畴篇　解释篇》58 页

一个性质可以是另一性质的相反者。例如，正义是不义的相反者，白是黑的相反者，等等。那些根据这种性质而被称为这样或那样的东西，也可以彼此相反；因为，正义的事物是与不义的事物相反的，白的东西是与黑的东西是相反的。不过，这并不是常常如此的。红、黄以及此类的颜色，虽然是性质，却并没有相反者。

——《范畴篇　解释篇》38—39 页

如果两个相反的东西之一是一个性质，其他那个东西也将是一个性质。只要举些个别的例子，把所用的名称试用来指其他的范畴（看看是否妥当），就可以把这一点弄清楚。例如，假定正义是不义的相反者，而正义是另一个性质，则不义就将是另一个性质；除了性质这个范畴，不论是数量或关系或地点或任何其他范畴，都不能正当地适用于不义。所有其他包括在性质这个范畴之内的相反者，情形都是如此。

——《范畴篇　解释篇》39 页

性质容许有程度的不同。一个东西可以被称为比另外一个东西更白些或没有那么白。关于正义，情形也一样。再者，同一个东西可以表现出它比以前具有更大程度的某种性质：如果一个东西是白的，它还可以变得更白些。

——《范畴篇　解释篇》39 页

那些由"三角形的"和"四角形的"等语词所表示的性质，显然是不容许有程度的不同的，事实上，任何与形有关的性质，都显然是这样不能容许有程度的不同的。因为，所有三角形或圆形的定义可以适用的那些东西，都相等地是三角形的或圆形的。反之，同一个定义所不能适用的那些东西，则不能被称为彼此有程度之差；一个正方形比一个长方形并不更是一个圆形，因为圆的定义对两者皆不适当。简言之，如果所提出的语词的定义，不能适用于两个物体，则这两个物体就不能互相比较。因此，并不是所有的性质都容许有程度的不同。

——《范畴篇　解释篇》40 页

我们切不可因为有人会提出抗辩，说我们虽然声明是讨论性质的范畴但却在其中引进了许多相对的语词而感到不安。我们确曾说过习惯和状态是相对的。实际上差不多在所有这些场合，种乃是相对的，而个体则不是。

——《范畴篇　解释篇》40 页

潜能与现实

"潜能"的含义主要有以下几种：其一，是指运动和变化的来源或本原，它存在于另一事物当中，或作为自身当中的他物，如建筑术并不存在于建筑物中，而治病的医术则可以存在于病人身上，只是此时医生也就是病人；其二，是指某一事物被另一事物作为运动变化的本原，在此被动者承受某种被动；其三，是指有意把事情做好的本原，如我们把那些能走路但不能走好路的人也说成是不能走路，这对于被动来说同样适用；其四，事物由于其所具有的某种性质而做到不变化或不易变坏的，也是一种潜能。

——《形而上学》54 页

所有的事物都具有实体的原理。因为存在本身既可以从个体、数量与性质等方面予以说明，还可以从潜在或潜能与现实及功用等方面来说明，所以我们有必要对潜在或潜能予以深刻的研究。

——《形而上学》93 页

有些潜能是出于某种相似性而说的，如在几何中，事物间存在或不存在某些关系，我们把它说成是可能或不可能。凡是与同一类属相关的潜能，就都是某些变化的本原，即一个事物成为另一个事物，或在它自身中成为另一个事物的动能，都要与某一种原始潜能相关。

——《形而上学》63 页

有一种潜能是承受性的被动潜能，即接受其他事物的作用（或将自己当作其他事物所发生的作用）而被动发生变化的性能。另一种潜能是非承受性的潜能，即不因其他事物的作用（或将自己当作其他事物而作用）而发生变化和消灭的性能。潜能本来意义上的原理就在这些定义中了。此外，这些性能之所以被称为潜能，或者仅是因为作用与被作用，或者是因为很好的作用与被作用。

——《形而上学》94 页

不能与不可能是潜能的对立物，意味着缺失，同一事物在同一方面的潜能都会对应着一个不能。

缺失也有几种含义：其一，不具有某种性质；其二，自然应有的就它没有，或特殊时段应有的它没有，或某种程度上的没有。如果事物是被强制失去某种性质，这叫作剥夺。

——《形而上学》94 页

有些本原存在于有生命的事物中，有些本原则存在于无生命的事物中。存在于那些有生命的事物中的本原，有的还存在于灵魂中，并存在于灵魂的理性部分中，因此潜能应分为理性潜能与无理性潜能。

——《形而上学》85 页

每一种理性潜能都可能产生与之相反的作用，而每一种无理性潜能都只会起一种作用，如热只产生热的作用，而医疗技术则既可以使人健康，也可以使人生病。这其中的原因就在于后者属于科学，是一种理性的原理，它既可以解释事物又可以解释事物的缺失，只是所用的方法不同而已。同一原理都可用于这两者，只是更多的时候它用于正面情况。

——《形而上学》85 页

由于相反的东西不能在同一个事物中生成，而科学又是具有理性原理的潜能，灵魂则又具有动变的本原，所以健康的事物只能导致健康，热的东西只能导致热，而科学家却能使事物产生出完全相反的效果。理性原理的两个方面在灵魂中都可以应用，只是应用方法不同。

——《形而上学》94—95 页

潜能或者是仅仅发挥作用，或者是很好地发挥了作用，仅仅发挥作用并不必然是很好的作用，但很好的作用则一定包括作用在内。

——《形而上学》95 页

有一种观点认为，事物的潜能只有在发挥其作用的时候才能叫作潜能，如果不是正在发挥作用，那就无所谓什么潜能，也就是说没有潜能，如正在建筑房屋的人才是能建筑房屋的，不在建筑房屋的人则没有建筑房屋的潜能。麦加拉学派就是这一观点的主要代表。显然，这种观点是荒谬的。如果这种观点是正确的，我们就不能说那些建筑师们是建筑师，除非他们正在建筑房屋。

——《形而上学》115 页

如果把被剥夺了潜能称为不能，那么所有还没有发生的事情也就是不能发生了，而如果一旦现在有这样的事情或将来有这样的事情的话，这句话一定是假的。

同样，根据这种观点，站着的人永远只能站着，坐着的人也永远只能坐着，因为坐着的没有站的潜能，既然不能站就只有永远坐着了。潜能与实现无疑是不同的，但这种观点则试图消除二者的差别。不存在的事物可能会成为存在，而现在存在的事物以后也有可能会成为不存在。

——《形而上学》96 页

事物之所以被称为有潜能，就在于它可以不受阻碍地实现它的潜能。如一个事物能坐，指的是它在实现它坐的能力时，没有什么不能坐的因素阻止它。

——《形而上学》96 页

论及潜能的来源，可将其分为以下几种：一是与生俱来的，如感觉的能力；二是通过学习获取的，如吹笛的能力；三是通过传授获取的，如技术；四是来源于习惯和理性的能力，这种能力必须要辅之以相应的自身努力和训练，这也是那些无理性潜能所不需要的。

——《形而上学》105 页

按照理性的原理，运动的事物往往是某些有生命的事物，这些事物的潜能里就包含着理性，而另外一些有生命的事物和那些无生命的事物的潜能则是没有理性的。在第一类潜能中，动作发出者和承受者相遇时并不必然会发生一方作用于另一方的关系，而在第二类潜能中，则一定会发生一方作用于另一方的关系。

——《形而上学》97—98 页

理性潜能可以产生相反的结果，但这又是不可能的；而无理性潜能则只能产生一种结果。这该如何解释呢？意志和选择在其中起着作用。

——《形而上学》98 页

在相反的结果中做出选择，意志就是其中的决定因素，它会选择合适的承受者和合适的实现条件。所以，任何一个具有理性潜能的事物，在合适的条件下遇到其潜能可以作用于上的合适的事物时，它的潜能就会发挥出来。因此，人不可能同时做两件事情或做相反的事情，他的潜能不可能同时在两件相反的事情上发挥作用，也就是说一个潜能也不可能同时做两件事。

——《形而上学》103 页

现实其实就是指事物的不以潜能方式存在的存在。每一个潜在的事物都对应着一个现实存在着的事物。如睡着的与醒着的，一个材料与由这个材料制作出来的东西，等等。在这些实例中，前一个就具有潜能的意义，而另一个就具有现实的意义。

——《形而上学》98 页

　　无限、虚空及类似事物的潜在或现实存在的含义与其他事物不同。以无限为例，无限虽然在潜能上可以存在，但这种潜在的存在只是在认识上，而不可能指望它实现。即使对于一条线的分割可以无限地进行下去，在这一过程中，存在潜能的无限，但这里的无限是不能实现为独立的存在的。

——《形而上学》108 页

　　我们应当对现实活动和运动予以区别。正在进行的有可能中断的并未达到目的或者说还未完成的动作，我们说它就是运动；而那些已经达到目的的完成的动作则是现实活动。

——《形而上学》102 页

　　事物并非在任何时候都是潜在地存在的，因此我们必须弄清楚事物在什么时候属于潜在地存在，什么时候属于非潜在地存在。

——《形而上学》98 页

　　一个潜在的事物由存在于观念之中转化为完全现实的状态，取决于动作者和承受者，只要没有外力阻碍动作者的意志，该潜在的事物就会实现。如病人在疗治过程中如果没有什么障碍阻止他的康复，他就可以被治愈。而那些基于其自身具有的某种能力而生成的事物，如果没有外力阻碍它的生成，它就是一种潜在的将来可以实现的存在。
　　似乎在此我们所说的事物并不是指这个而是指这个做成的。如箱子不是木头而是由木头做成的，木头不是土而是由土做成的，而土也不是某物而是由某物做成的。可见，后面的那个事物是紧挨着它的前一个事物的潜在的事物，如木潜在的是箱。

——《形而上学》99 页

现实是先于潜能的；这里的潜能不仅是指某一事物在其他事物中或是在自己作为其他事物的自身中的运动变化的本原，也是指一般意义上的运动和静止的本原。

——《形而上学》121 页

现实还在另一种场景下是先于潜能的。永恒的事物在实体上先于可消灭的事物，而永恒的事物都不是潜在的。所有的潜能都包含着正反两个方面，而这些也恰恰是促使事物消灭的原因，它们存在于可消灭的事物中。而只有永恒的事物才能作为其他事物的本原，所有在这一意义上来说，现实也先于潜能。

——《形而上学》121 页

本性或自然也是运动变化的本原，与潜能属于同种类的事物。

——《形而上学》91 页

说某一事物具有潜能，意在指该物能够实现，具备实现的可能。所以如果想了解潜能，就一定要先了解现实的原理。

——《形而上学》93 页

一般而言，潜能都是从那些已经成为现实的事物中产生的。已经实现的事物产生潜在事物，而潜在事物又发展成为现实的事物，可以说，总有一种最初的事物作为其他事物生成和存在的本原，而这最初的事物显然就是一种能够现实的存在。

——《形而上学》93 页

所有的潜能都包含着相对立的两面：其好的一面能产生良好的结果，其坏的一面则能产生不好的结果，这就像同样一个人可以行善也会作恶的道理是一样的。同一个潜能既能让人健康也能让人生病。

——《形而上学》100 页

尽管潜能具有对立的两面，但这对立的两面是不会同时存在的，而且与之相应的现实也不可能同时出现，如健康与疾病不可能同时存在。正是从这个意义上来说，我们对于潜能中好的一面的实现将产生比它本身更好的结果，对于潜能中坏的一面的实现也将产生比它本身更坏的结果。

——《形而上学》100 页

只有把潜在的事物发展为现实存在，我们才能发现这些潜在的事物。正是因为现实，我们才知道了潜能。

——《形而上学》109 页

命　题

第一类的简单命题是简单的肯定命题，第二类的简单命题是简单的否定命题；其他的都是由结合而形成的。

——《范畴篇　解释篇》67 页

每一个命题必须包含一个动词或一个动词的时式。用来定义"人"这个属的短句，如果没有现在时的、过去时的或将来时的动词加上去，就不是一个命题。

——《范畴篇　解释篇》67 页

每一个句子之所以有其意义，并非由于它是身体的某一机能所借以实现的一种自然的工具，而是如我们所指出的那样由于习惯。但每一个句子不都是一个命题；只有那些在其中或有正确或有错误存在的句子，才是命题。例如，一个祈祷是一个句子，可是它既不是正确的，也不是错误的。

——《范畴篇　解释篇》54 页

那些标志一个单一的事实的命题，或者其各部分的联合形成了一种单一性的命题，我们就称之为单一的命题；反之，那些标志许多事实或者各部分并无联合的命题，乃是分离的众多命题。

——《范畴篇　解释篇》63 页

让我们同意将一个名词或动词仅仅称为一个用语，而不称为一个命题，因为当一个人想把某些东西表达出来的时候，他以这种方式来说话是不可能有所陈述的，不论他的发言是对一个问题的答复，抑或是他自己主动的一种行为。

——《范畴篇　解释篇》68 页

在命题中间，有一种是简单的命题，即那种对于某事物断言了或否认了某些东西的命题；另一种命题是复合的，即那些由简单命题合成的命题。一个简单命题是一个有意义的陈述，说出一个主体中某一东西的存在或不存在，按照时间的划分，有现在时式的、过去时式的或将来时式的。

——《范畴篇　解释篇》51 页

一个肯定命题是关于某一事物正面地断言了某些东西，一个否定命题是关于某一事物作了一种反面的断言。

——《范畴篇　解释篇》58 页

既然人们能够肯定和否认某一存在的东西的存在，又能够肯定和否认某一不存在的东西的存在，并且既然这些同样的肯定和否定在现在以外的时间中的事物都是可能作的，所以，也就可能对任何肯定或否定提出矛盾的说法。因此，显然每一个肯定都有与之对立的否定，同样地，每一个否定都有一个对立的肯定。

　　我们将称这一对命题为一对矛盾命题。那些具有同一的主词和宾词的肯定命题和否定命题，就称为矛盾命题。

——《范畴篇　解释篇》63 页

　　有些东西是全称的，另外一些东西则是单称的。例如，"人"是一个全称的。"卡里亚斯"是一个单称的。

　　我们的命题必然有时涉及一个全称的主词，有时涉及一个单称的主词。

——《范畴篇　解释篇》69 页

　　一个肯定命题以我用"矛盾命题"一词所指的意义与一个否定命题相对立，如果两者的主词仍相同，而肯定命题是一般性但否定命题却不是一般性的。肯定命题"每个人都是白的"乃是否定命题"并非每个人都是白的"的矛盾命题，还有，命题"没有一个人是白的"乃是命题"有些人是白的"的矛盾命题。但当肯定命题和否定命题两者都是一般性的时候，则它们乃是作为相反命题而互相对立的，如像在"每个人都是白的"，"没有一个人是白的"，"每个人都是公正的"，"没有一个人是公正的"等句子里面那样。

——《范畴篇　解释篇》70 页

　　当所谈及的是全称主词，但命题却不是一般性的时候，就并不是常常要一者为正确的而他者为错误的，因为我们可以这样说："人是白的"和"人不是白的"，或"人是美丽的"和"人不是美丽的"而并不错误；

因为，如果一个人是畸形的，他就是美丽的反面；同时，如果他正在向美丽发展，他就还不是美丽的。

——《范畴篇　解释篇》70 页

很显然，与一个单一的肯定命题相应的一个否定命题，本身也是单一的；因为这个否定命题必须恰恰否定那个肯定命题关于同一个主词所肯定的东西，并且，在关于主词的全称性或特称性这个问题，以及主词被视为周延的或不周延的这个问题上，否定命题必须是与肯定命题相符。

例如，肯定命题"苏格拉底是白的"的恰当的否定命题是"苏格拉底不是白的"。如果主词被否定具有一些别的东西，或者虽然宾词仍旧不变而主词却是另外一个，那么，所作的否定命题对于那个肯定命题就不会是恰当的，而将是一个不同的否定命题。

——《范畴篇　解释篇》62 页

一个单一的否定命题乃是以矛盾命题的姿态与一个单一的肯定命题相对立的，并且我们已说明了这些是些什么命题；我们也已说出相反命题和矛盾命题是有区别的，以及什么是相反命题；还指出，就一对对立的命题而言，不是总要一者为正确的而他者为错误的。再者，我们还指出这一点的理由何在，以及在何种情况之下其一者的正确必然包含另一者的错误。

——《范畴篇　解释篇》69 页

一个肯定命题或否定命题乃是单一的，如果它是指出关于某一主体的某一事实；主词是否是全称的，陈述是否带着一般性，都没有关系。这种单一的命题是："每个人都是白的"，"并非每个人都是白的"；"人是白的"，"人不是白的"；"没有一个人是白的"，"有些人是白的"；只要"白的"一词有一个意义。反之，如果一个词有两个意义，而这两个意义并不结合而形成一个意义，则肯定命题就不是单一的。

——《范畴篇　解释篇》72 页

在有关现存事物或已发生的事物的场合，命题不论其为肯定的或否定的，都必须或为正确的，或为错误的。至于一对矛盾命题，……不论主词是全称的并且命题乃是有一表象的，抑或主词是单称的，两个命题中其一必定为正确的而其他必定为错误的；反之，当主词虽是全称的，但命题却并非有一般性的时候，就没有这种必然性。

——《范畴篇　解释篇》73 页

如果说肯定命题和否定命题都不是正确的而主张（譬如说）一事件既不是将要发生也不是将不发生，这乃是采取了一个不可辩护的立场。第一，虽然事实证一个命题是错误的，但那个与它对立的命题仍然会是不正确的。第二，如果真可以说一件东西既是白的又是大的，那么这两个性质就必然属于这件东西；而如果它们明天将属于它，那么，它们明天就一定必然属于它。但如果一件事既不将于次日发生，又不将不发生，那么偶然这个因素就会被取消了。例如，就将必然地是：一场海战既不是将于次日发生，又不是将不发生。

——《范畴篇　解释篇》69 页

在每一对矛盾命题中间，不论它们是对全称主词而发并有一般性的，抑或是只对单称主词而发的，其一必定是真的而其他一个必定是错误的，并且不容选择，所有存在的和发生的事物都是必然性的结果。如果是这样，那么，人们就不需要去在"如果我们采取某一行动，某一结果就会产生，而如果我们不采取它，这个结果就不会发生"的这个假定上去考虑或操心了。因为，一个人可以早一万年预言一件事，另一个人可以预言它的反面；那在过去一个时候被预言得对的，就必然地将在时间已成熟的时候发生。

——《范畴篇 解释篇》82 页

一场海战必定或将于明天发生或不发生，但并不是必然它将于明天发生，也不是必然它将不发生，可是它却必然或将于明天发生或不发生。既然命题是符合于事实的，所以显然，当在未来的事件中是有选择的余地和一种相反的方向的可能性时，则相应的肯定命题和否定命题也有同样的性质。

——《范畴篇 解释篇》76 页

肯定命题是关于一个主词的一件事实的陈述，而这个主词或者是一个名词，或者是没有名称的东西；在一个肯定命题中，主词和宾词必须各指一件单一的事物。我已经解释过名词和那没有名称的东西是什么意思；因为我说过，严格地说来，"非人"这个用语并不是一个正当的动词，而是一个不确定的动词。所以，每一个肯定命题和否定命题，将是由一个确定的或不确定的名词和一个动词所构成。

——《范畴篇 解释篇》91 页

缺乏动词，就不能有肯定命题或否定命题；因为"是"、"将是"、"曾是"、"正将要是"以及诸如此类的用语，按照我们的定义乃是动词，因为除它们的特殊意义之外，它们还表达了时间的概念。

——《范畴篇 解释篇》91 页

当动词"是"是作为第三个因素被用于句子里面时，肯定命题和否定命题就能够各有两种。例如，在句子"人是公正的"里面，动词"是"是作为第三个因素被使用的，不管你称它为动词还是名词。因此，用这些材料你就能形成四个命题而不是两个命题。四个命题中的两个，就它们所肯定的和否定的来看，它们的逻辑的推断是相当于那论及一种缺乏的状况的命题的；其他两个，则不相当于这些命题。

——《范畴篇　解释篇》91 页

既然命题"每个动物都是公正的"的相反命题乃是"没有一个动物是公正的"，显然，这两个命题就永远不能在同一个时候或对同一个主词而言是正确的，例如在我们面前这个例子：命题"并非每个动物都是公正的"和命题"有些动物是公正的"两者都是正确的。

——《范畴篇　解释篇》80 页

由像"非人"或"不公正"这样的不确定的名词或宾词所构成的否定性用语，可以好像是一种不包含着正当意义下的名词或动词的否定命题。但它们并不真是如此。因为一个否定命题永远必定或是正确的或是错误的，但那用"非人"这个用语的人，却并不是更接近而是更远离了那必定或为正确或为错误的陈述方式。

——《范畴篇　解释篇》81 页

命题"凡不是人的东西都是公正的"及其矛盾命题（即"并非凡不是人的东西都是公正的"），并不等于任何其他命题；反之，命题"凡不是人的东西都不是公正的"却等于命题"没有一个不是人的东西是公正的"。

——《范畴篇　解释篇》81—82 页

用一件事情来述说许多主体或用许多事情来述说一个主体所形成的命题，无论它是肯定命题或否定命题，都不是一个单一的命题，除非那许多事情实在是一件事情，那多个的主体乃是一个主体。

——《范畴篇　解释篇》69 页